立憲主義とは何か
日本国民のための
日本国憲法

清水書院

まえがき

　本書は，日本国憲法の各条の立法趣旨や，現時点において裁判所や憲法学者がとっている考え方を参照しつつ，「立憲主義とは何か」を改めて知り，考えるきっかけを提示したいと考え，企画した書籍です。

　多くの人々にとって，国や自治体は，国民（住民）に利益や保護をもたらす，役に立つ場所でありこそすれ，国民と敵対する「大怪物」（リヴァイアサン）ではないでしょう。しかし，歴史をさかのぼると，国家は，宗教的少数者を迫害し，政府の考え方と対立する言論を行う人々を逮捕し，生命すら奪い，肌の色や生まれで人を差別し，治る病気の患者を囚人のように閉じ込め，無実の者に罪を自白させて刑務所に収容してきました。各国で，人々は，そのような国家の圧政と戦い，自由と権利を勝ち取ってきたのですが，現代社会においても，表現の自由を大幅に制限し，国民を監視する国家が存在するし，日本においても権力による恥ずべき人権侵害（ハンセン病患者に対する差別〔64ページ〕や冤罪事件〔110ページ〕など）は残存してきました。

　各国で「憲法」という法的文書がつくられたのは，国家による国民の自由や権利の侵害を阻止するため，国家権力を縛りつけるためのものです。19世紀のヨーロッパは，「議会の世紀」でした。国民の代表である議会が制定する法律によって，政府による圧政から，国民の権利や自由を守るという考え方が支配的だったのです。しかし，議会政を巧みに利用した独裁者が国を支配したナチズムの苦い歴史から，議会をも憲法の下におくことが必要と考えられるようになりました。このように，立法府を含めた国家権力を憲法という規律の下におき，国民の自由・権利を確保しようという考え方を「立憲主義」といいます。立憲主義の下では，「政府がいうのだから，そのとおりだろう」とナイーブに考えるのでなく，その政策・措置が，人々の，特に少数派に属する人の自由や権利を侵害するおそれがないかどうかを熟慮するということになります。

　本書の完成直前に，安全保障関連法案が衆議院で可決され，参議院に送付されました。集団的自衛権の行使に関する政府の解釈の変更に端を発する一連の事態は，立憲主義がいかに重要であるかを問いかけるものです。戦力の不保持と交戦権の否認を定める憲法9条2項のもと，自国への侵略を撃退するための武力の行使に限り，国家の自然権的権利として容認されるというぎりぎりの限界を解釈で乗り越えようとする方法を，敗戦後，再軍備に際し基本法を改正したドイツと対比するとよいでしょう。読者にとって，本書が立憲主義を再認識し，立憲主義的に考える一助となれば幸いです。

2015年7月

太田　雅幸

CONTENTS（目次）

各講のタイトル直後に関係の憲法条名等を付し，重要な用語（▶）や掲載裁判例（▷）を掲げた。

第1編　制定経緯・前文・最高法規 …………………………… 7
　第1講　憲法とは何か（フランス人権宣言1条～3条）…………… 8
　　　　　▶立憲主義，法の支配
　第2講　制定経緯（ポツダム宣言）……………………………… 11
　第3講　前文（前文）……………………………………………… 16
　　　　　▶憲法の三大原理，間接民主制
　第4講　最高法規性（97条～99条）……………………………… 19
　　　　　▶硬性憲法

第2編　天皇 ……………………………………………………… 21
　第1講　象徴天皇制（1条・2条）………………………………… 22
　　　　　▶神勅天皇制
　第2講　国事行為（3条～7条）…………………………………… 24
　第3講　皇室経済（8条・88条）…………………………………… 28

第3編　平和主義・戦争の放棄（前文・9条）………………… 29
　　　　　▶戦争の放棄，自衛権，戦力の不保持，自衛隊，日米安全保障条約，
　　　　　　国際協力，軍事行動への後方支援，武力行使との一体化，
　　　　　　集団的自衛権
　　　　　▷恵庭事件，長沼ナイキ訴訟，砂川事件

第4編　基本的人権 ……………………………………………… 39
　〔総論〕
　第1講　基本的人権総論（11条～12条）………………………… 40
　　　　　▶自由権（国家からの自由），社会権（国家による自由），公共の福祉，
　　　　　　二重の基準論，私的自治
　　　　　▷三菱樹脂事件
　第2講　外国人の人権（10条・11条）…………………………… 47
　　　　　▶人権の前国家的性質，性質説　▷マクリーン事件
　第3講　幸福追求権（13条）……………………………………… 50
　　　　　▶「新しい人権」の母胎，プライバシーの権利，自己決定の問題
　　　　　▷京都府学連事件，住基訴訟，エホバの証人輸血事件

　〔平等権〕
　第4講　法の下の平等（14条・15条3項・44条）……………… 56
　　　　　▶立法者拘束説，実質的平等，ハンセン病患者差別

CONTENTS（目次）

　　　　　▷日産自動車事件，婚外子相続分差別違憲判決，
　　　　　　尊属殺重罰規定違憲判決，投票価値の平等
第5講　両性の平等（24条）……………………………… 65
　　　　　▶家制度

〔精神的自由〕
第6講　思想及び良心の自由（19条）…………………… 67
　　　　　▶国旗国歌　▷「君が代」ピアノ伴奏事件，起立斉唱命令事件
第7講　信教の自由・政教分離（20条・89条前段）…… 70
　　　　　▶世俗と宗教の衝突，国家と神社
　　　　　▷神戸高専剣道実技拒否事件，津市地鎮祭事件，愛媛玉串料訴訟
第8講　学問の自由（23条）……………………………… 73
　　　　　▶大学の自治　▷東大ポポロ事件
第9講　表現の自由（21条）……………………………… 76
　　　　　▶民主主義社会の基盤，知る権利，報道の自由，取材の自由，
　　　　　　公安条例
　　　　　▷税関検査事件，北方ジャーナル事件，教科書検定事件，
　　　　　　チャタレイ事件，猿払事件，ニュースフィルム提出命令事件，
　　　　　　石井記者事件，泉佐野事件，新潟県公安条例事件，
　　　　　　東京都公安条例事件

〔経済的自由〕
第10講　職業選択の自由（22条）………………………… 93
　　　　　▶福祉国家理念に基づく制約　▷小売市場事件，
　　　　　　薬局開設距離制限違憲判決
第11講　財産権の保障，納税の義務（29条・30条）…… 97
　　　　　▶公共の福祉に基づく財産権の規制

〔人身の自由〕
第12講　奴隷的拘束・意に反する苦役からの自由／適正手続
　　　　（18条、31条）…………………………………… 100
　　　　　▶デュープロセス条項　▷第三者所有物没収事件，
　　　　　　広島市暴走族追放条例事件
第13講　被疑者の権利（33条〜35条）…………………… 103
　　　　　▶令状主義
第14講　刑事被告人の権利（37条）……………………… 106
　　　　　▶弁護人依頼権，接見交通権
第15講　自己負罪の拒否（38条）………………………… 109
　　　　　▷異状死届出義務事件
第16講　遡及処罰の禁止・二重処罰の禁止（39条）…… 111
第17講　拷問及び残虐な刑罰の禁止（36条）…………… 112

CONTENTS（目次）

〔国務請求権〕
第18講　国務請求権（16条・17条・32条・40条）…………… 113

〔参政権〕
第19講　参政権（15条）……………………………………… 115
　　　　▶普通選挙　▷在外選挙権訴訟

〔社会権〕
第20講　生存権（25条）……………………………………… 118
　　　　▶生存権の法的性質　▷朝日訴訟，堀木訴訟
第21講　教育を受ける権利（26条）………………………… 121
　　　　▶義務教育等における国の関与　▷旭川学力テスト訴訟
第22講　勤労の権利及び労働基本権（27条・28条）……… 124
　　　　▷全逓東京中郵事件，都教組事件，全農林警職法事件

第5編　統治機構・地方自治 …………………………… 127

〔総論〕
第1講　権力分立 ……………………………………………… 128
　　　　▶抑制と均衡，専制政治の排除

〔国会〕
第2講　国会の地位（41条）………………………………… 131
　　　　▶国権の最高機関，唯一の立法機関
第3講　全国民の代表（43条）……………………………… 135
　　　　▶政治的代表，自由委任
第4講　選挙制度（45条〜48条）…………………………… 138
　　　　▶小選挙区制，比例代表制
第5講　両院制（42条・48条・59条〜61条）……………… 142
　　　　▶二院制の意義，衆議院の優越
第6講　国会の活動（52条〜54条・56条・57条）………… 148
　　　　▶会期制，立法過程
第7講　条約承認権（73条3号）…………………………… 155
第8講　各院の権能（55条・58条・62条・63条）………… 157
　　　　▶議院の自律　国政調査権
第9講　議員特権（49条〜51条）…………………………… 162

〔内閣〕
第10講　行政権（65条、73条）……………………………… 165
　　　　▶「行政権」の意味，政令制定権
第11講　議院内閣制と大統領制（66条〜71条）…………… 169
第12講　日本の議院内閣制（66条〜72条・74条・75条）……… 171
　　　　▶内閣総理大臣の地位，内閣の国会に対する連帯責任

CONTENTS（目次）

第13講　衆議院の解散（69条・7条）……………………………… 177
　　　　▶解散権の所在，7条解散

〔司法〕
第14講　司法権（76条・77条）…………………………………… 180
　　　　▶司法権の意味（裁判所は政府の行為を裁けるか），司法権の限界
　　　　▷苫米地事件
第15講　司法権の独立（76条・64条・78条）…………………… 186
　　　　▶裁判官の職権行使の独立　▷大津事件
第16講　裁判所の組織（79条・80条）…………………………… 189
第17講　裁判の公開（82条）……………………………………… 193
　　　　▷レペタ事件
第18講　違憲審査権（81条）……………………………………… 195
　　　　▶付随的違憲審査制　▶警察予備隊事件
　　　　▷最高裁判所の違憲判決の事例 …………………………… 199

〔財政〕
第19講　財政に対する国会の統制（83条〜87条・90条・91条）
　　　　………………………………………………………………… 201
第20講　公の財産の支出制限（89条後段）……………………… 205

〔地方自治〕
第21講　地方自治の本旨（92条）………………………………… 206
　　　　▶団体自治と住民自治
第22講　地方公共団体の統治機構（93条）……………………… 208
　　　　▶大統領型の統治機構，直接請求，住民監査請求
第23講　地方公共団体の権能等（94条・95条）………………… 212
　　　　▶条例制定権，法律の範囲内　▷徳島市公安条例事件

第6編　改正・補則 ………………………………………………… 215
第1講　憲法改正手続（96条）……………………………………… 216
　　　　▶憲法改正国民投票法，改正の限界，投票権年齢
第2講　補則（100条〜103条）…………………………………… 222

本文中に掲載した裁判例には、判決等が行われた日付を付記した。最高裁判所の裁判例検索エンジン（http://www.courts.go.jp/app/hanrei_jp/search1）を活用すれば、判決文を読むことができるので、ご覧ください。

改めて知る

第1編 立憲主義とは何か 日本国民のための日本国憲法

制定経緯・前文・最高法規

「法の終わるところ，専制は始まる」（ジョン・ロック『市民政府論』）

　国家権力は，ときに治安維持を名目に反体制的な考え方の人々を監視し，身柄を拘束し，拷問にかけ，人々の考え方を統制するなどの専制的な支配を行う。これを予防するためには，議会を含む国家権力を法の規律の下に従わせることが必要である。ロックの言葉は，この理を説いたものである。

第1編　第1講　憲法とは何か

> フランス人権宣言（1789年）
>
> **第1条〔自由および権利の平等〕**
>   人は，自由，かつ，権利において平等なものとして生まれ，生存する。（以下略）
>
> **第2条〔政治的結合の目的と権利の種類〕**
>   あらゆる政治的結合の目的は，人の，時効によって消滅することのない自然的な諸権利の保全にある。これらの諸権利とは，自由，所有，安全および圧制への抵抗である。
>
> **第3条〔国民主権〕**
>   あらゆる主権の淵源は，本来的に国民にある。（以下略）

1 立憲的意味の憲法

　いかなる国家にも統治の基本となる法があって，それを**憲法**という。独裁国家においても憲法という名の法典が制定されるが，本当の憲法の名に値しない。

　本当の憲法というのは「立憲的意味の憲法」のことである。それは何か。フランス人権宣言は，「権利の保障が確保されず，権力の分立が定められていないすべての社会は，憲法をもたない。」（第16条）といって，権利保障及び権力分立を備える憲法のみを「憲法」と認めている。立憲的意味の憲法とは，このようなものだ。

　権力分立とは，国家権力を1つの機関に集中させない仕組みをいい，専制政治を排除し，国民の自由を確保するための工夫である。したがって，**立憲的意味の憲法**とは，結局，**国民の権利・自由を保障するため，国家権力を制限するための基本法**ということができる。

フランス人権宣言（1789年）は，『フランス憲法入門』（辻村みよ子・糠塚康江著　三省堂）p.194 より

CHECK

▶1 イギリスには，「日本国憲法」のような単一の成文憲法典はないが，コモン・ロー（裁判所の判決の積み重ねで形成された法）や，議会制定法などの中に憲法的な規範が存在するため「憲法がある」。

▶2 128ページを参照。

8

近代ヨーロッパにおいて絶対君主制を打破し，このような憲法の制定を促す理論的支柱となったのは，ホッブズ（1588年〜1679年）やロック（1632年〜1704年）などの政治哲学者の考え方である。

ホッブズは，自明の理とされていた封建的社会秩序に疑問をもち，政府による統制のまったくない自然状態において，人々は自由で平等な自己保存の権利（自然権）を有し，互いに戦闘状態にあるので（「万人の万人に対する闘争」），平和な社会を確保するために国家を樹立し，権力を託したという社会契約論を説いた。

また，ロックは，人はもともと，生命，身体，自由，財産について不可侵の権利（right of properties）を有し，その確保のため契約に基づき国家に権力を信託したのであるとし，したがって，圧政を行う政府に対する人々の抵抗権を擁護した。
▶3

そして，国家とは，人々の社会契約に基づくものだという理論から，国家権力は国民に由来し，**政治の最終的な決定権は国民に存するという国民主権**の考え方が導かれた。これらの考え方が，アメリカのヴァージニア州憲法，アメリカ合衆国の独立宣言，フランスの人権宣言等に成文化されたのである。そして，日本国憲法は，これらの憲法の延長線上にあるものといえる。

2 立憲的意味の憲法の構成要素

立憲的意味の憲法は，国民の自由の保障を目的として，①国家権力を制約するための**権力分立**，②国家権力は国民に由来するという**国民主権の原理**，のほかに③国民みずから能動的に政治に参加する**民主制度**，④**法の支配**，⑤**最高規範性**を構成要素とする。

▶3 社会契約説は，政治哲学者が考え出した理論であるが，同時に，イギリスの圧政を逃れて，メイフラワー号でアメリカ大陸に渡った清教徒たちが，プリマス植民地で契約により国家を樹立し（メイフラワー誓約），その後，各州の憲法を制定する際に，実際に参照されたと考えられ，実用のものでもある。

▶4 国王の権限は神から託されたと考えるジェイムズⅠ世の暴政を，エドワード・コークという人物がブラクトンの言葉を引用して諫めたもの。

■法の支配
　中世イギリスにおける「国王は，何人の下にもあるべきではない。しかし，国王といえども神と法の下にある。」
▶4

という考え方に端的に示される英米法の伝統であって、人による恣意的な統治を排除し、国家権力を法の規律の下に置き、予め定められた法に基づく統治によって自由を確保しようという原理である。

そして、そのために、権力によっても侵されない権利と自由という観念や、法の内容及び手続を公正なものとするための仕組みを要求する。

この原理において致命的に重要なことは、政府を法の番人である裁判所の裁判に服させ、政府の違法行為に対し司法的救済が得られることが保障されることである。

日本国憲法においても、個人の尊厳（13条）、基本的人権の保障（第3章）、適正手続（31条）、国民主権原理の確立及び統治への参加（前文1節、1条）、国会中心立法（41条）、司法権の裁判所への集中（76条）、違憲審査権（81条）などの規定で法の支配を徹底しようとしている。

■最高規範性

憲法の最高規範性（最高法規性）とは、国の法秩序は、憲法を最高位とし、その下に法律、命令（政令、省令・府令）という順序で階層構造をなし、法律以下の法令は、上位の法令に適法性の根拠をもつので、憲法に反する法令は無効であるという原理である。

こうして、憲法は、国民の権利・自由を、行政府だけでなく、立法府（国会）による侵害からも保護するものとなるのである。

▶5 恣意的
自分勝手に、思うがままにふるまうさま。

▶6 法の支配とは、国家権力を法の規律のもとにおくという原理である。そして、その担保の方法として違憲審査制が設けられているが、「法」、「憲法」とは裁判官が条文を解釈して、これが「法」、「憲法」だというものにほかならないとか、あるいは、ほかならぬ裁判官そのものが権力だという冷徹な指摘もされている。

▶7 下位の法令（政令、省令など）が存在できるのは、その上位にある「憲法」や「法律」に適合した内容だからということ。

第1編 第2講 制定経緯

> **ポツダム宣言**
> 「…日本国政府ハ日本国国民ノ間ニ於ケル民主主義的傾向ノ復活強化ニ対スル一切ノ障礙ヲ除去スヘシ言論，宗教及思想ノ自由並ニ基本的人権ノ尊重ハ確立セラルヘシ」（第10項），「前記諸目的ヲ達成セラレ且日本国国民ノ自由ニ表明セル意思に従ヒ平和的傾向ヲ有シ且責任アル政府カ樹立セラルルニ於テハ聯合国ノ占領軍ハ直ニ日本国ヨリ撤収セラルヘシ」（第12項）

1 大日本帝国憲法（明治憲法）の特色

　日本の最初の成文憲法は，1889年に明治天皇が発布した大日本帝国憲法（明治憲法）である。明治憲法は，主権を有する天皇が国民（臣民）に対し恩恵的に権利の保障と議会政治を与えるという性質のもので，欽定憲法の型に属するものである。明治憲法の特色を概略すると，次のとおりである。

(1) 天皇主権

　明治憲法の本質は，「大日本帝国ハ万世一系ノ天皇之ヲ統治ス」（1条），「天皇ハ国ノ元首ニシテ統治権ヲ総攬シ」（4条）との規定のとおり，天皇が統治権を有する点にあった。

　各国家機関の権限は，究極的には天皇に帰属するものと考えられた。例えば，立法権について「天皇ハ帝国議会ノ協賛ヲ以テ立法権ヲ行フ」（5条）とされた。すなわち，帝国議会は，天皇の立法権を協賛する機関と位置づけられた。

　また，天皇には官吏（国家公務員）の任免権，陸海軍の統帥権，非常事態時における戒厳宣告の権限が規定され，しかも，軍事については，陸軍参謀総長，海軍軍令部長が天皇大権の輔弼（助言）をするという慣習が行われることで，後に軍部の独走を招く

▶1 聖徳太子の「十七条憲法」にいう憲法とは，法とか掟という意味であって，国家の基本法という意味ではない。

▶2 臣民
　天皇に仕える者という意味。国民は「臣民」と規定された。

▶3 帝国議会は，衆議院（民選議員で構成）と貴族院（皇族議員，華族議員，天皇が任命する勅任議員で構成）の二院制だった。

こととなった。
　さらに、皇室に関する事項は、憲法と同格の皇室典範など皇室自らが定める法によるものとされた。

(2) 臣民の権利の保障に関する法律の留保

　明治憲法は、臣民に対し自由権を保障する規定を置いた。しかし、その保障規定は、「日本臣民ハ法律ノ範囲内ニ於テ言論著作印行集会及結社ノ自由ヲ有ス」（29条）などとされ、**法律で自由を制約**することができた。これを「**法律の留保**」という。
　すなわち、明治憲法は、法律による権利侵害の歯止めにはならなかったのである。実際にも、出版法や新聞紙法などで表現の自由は制約されていた。
　また、治安維持法（1925年）や国家総動員法（1938年）によって、政府の政策に対する反論は厳しく弾圧された。

(3) 国政の運営

　当初、政府は、国務大臣は天皇に対し責任を負うが、議会の信任が在職の要件ではないとする「超然内閣」主義がとられた。
　しかし、憲法上、民選議員で構成する衆議院は貴族院と同等の権限を有していた。政府は、衆議院の同意なしに政策を遂行するために必要な予算や法律を得ることができないため、しだいに議会との協調を模索するようになり、大正から昭和初期にかけて衆議院の多数派政党が政権を担当するという議会内閣制が成立した（大正デモクラシー）。明治憲法は、民主的な政治体制を生む素地をもっていたといえる。
　しかし、世界恐慌後、軍部の勢力が増大して、ファシズムが進行し、1940年には政党が自主的に解散し、大政翼賛会が結成された。
　日本は、1941年12月にアメリカとの間で太平洋戦争を開始した。

▶4 帝国議会の議決がなければ、立法措置がとれなかったという仕組みは重要である。ただし、天皇には緊急勅令や独立命令を発する権限が認められた。

▶5 天皇が軍に対する統帥権を保持し、内閣は軍事に干渉できなかった。これが、軍の独走を招いた。

▶6 **ファシズム**
　一般的には、議会制民主主義を否定する独裁政治のことをいう。

第 2 講 制定経緯

2 ポツダム宣言の受諾から1946年3月6日草案までの経過

　1945年8月，日本は，ポツダム宣言を受諾して連合国に無条件降伏した。政府は，ポツダム宣言を受諾しても，天皇に主権があり，統治権を総攬するとする国家体制を中核とする明治憲法の改正を要しないと考えていた。

　しかし，連合国軍最高司令官総司令部（GHQ）のマッカーサー最高司令官は，10月上旬，政府に対し，ポツダム宣言を実施するためには，憲法改正が必要であるとの示唆をした。

　そこで，政府は，同月25日，松本烝治（元東京大学教授）を委員長とする憲法問題調査委員会（松本委員会）を設置し，検討に入らせた。松本委員会は，①天皇が統治権を総攬するという明治憲法の原則の維持，②議会の権限の拡大，③国務大臣の議会に対する責任，④国民の権利・自由の保障の強化という四原則に基づいて改正案の検討をした。

　1946年2月1日，毎日新聞が正式発表前の松本委員会の改正案をスクープした。その内容が保守的すぎて容認できないと考えたGHQは，自ら憲法草案の起草に着手することとした。この際，マッカーサーは，起草に当たるGHQ民政局の局長に，同月3日，ⅰ　天皇制の存続，ⅱ　戦争放棄，戦力の不保持，交戦権の否認，ⅲ　封建制度の廃止等という3つの原則を入れるよう指示した（これを，「マッカーサー・ノート」という）。翌4日，民政局長は同局のメンバーを参集させ，総司令官の求める原則を示して，憲法草案の作成を命じた。

　民政局は，約1週間の突貫工事で憲法草案を書き上げた。GHQは，2月13日，これを日本政府に提示し，この草案を最大限に考慮して憲法改正に努力するよう指示した。この草案は，国民主権，象徴天皇制，戦争放棄，裁判所の違憲審査権を規定するなど，政府にとっては驚愕すべきものであった。

　政府は，当初，抵抗したが，結局，GHQの草案を受け入れて，憲法草案をまとめた（「3月2日案」）。この案文は，国会を一院

 用 語

▶7 **ポツダム宣言**
アメリカ，イギリス，中国の三首脳が1945年7月26日に発した「日本国に対し今次の戦争を終結する機会を与える」ための宣言。

 CHECK

▶8 当時これを「国体」といい，戦前の国家体制を維持することを「国体の護持」と称した。

13

制から両院制に修正するなどの修正を施しつつも，基本的には，GHQ の英語の条文を日本語に翻訳する作業であった。

この直後に，GHQ との折衝を経て，3 月 6 日に「憲法改正草案要綱」が決定され，国民に公表された。この要綱を口語体で文章化した「憲法改正草案」が作成され（内閣草案），4 月 17 日，国民に公表された。

3 帝国議会における審議

1946 年 4 月 10 日，前年（1945 年）12 月 15 日に成立した衆議院議員選挙法（女性の参政権を含む完全普通選挙である）に基づく衆議院の総選挙が実施され，帝国議会の最後の衆議院議員が選出された。

▶9 39 人の女性議員が誕生した。

▶9
内閣草案は，明治憲法 73 条の定めに従い，枢密院での審議を経た後，6 月 20 日，憲法制定議会というべき第 90 回臨時帝国議会の衆議院に，明治憲法の改正案として提出された。

その後，衆議院で約 2 か月，貴族院で約 1 か月半に及ぶ審議，修正を経て（各院で圧倒的多数をもって可決された），1946 年 10 月 7 日に確定した。

審議過程で行われた修正のうち最も著名なものは，衆議院における芦田修正である。これは，9 条 1 項に「正義と秩序を基調とする国際平和を誠実に希求し」の文言を，同条 2 項に「前項目的を達成するため」の文言を追加するもので，その修正の提案をしたのは，帝国憲法改正案委員会の芦田均委員長であった。

その後，枢密院の審議を経て，11 月 3 日，「日本国憲法」として公布され，1947 年 5 月 3 日に施行された。

4 制定経緯の評価

憲法の制定経緯については，①国の憲法はその国民の自由意思に基づいて制定されるべきであるが（自律性の原則），以上の経過が自律的な憲法制定といえるかどうかという問題（いわゆる「押

しつけ憲法論」）と，②国民主権への主権原理の転換にもかかわらず，天皇主権をとる明治憲法の改正手続がとられたことの理論的説明が問題となる。

　自律性の原則について，憲法制定のきっかけはGHQの強制によるものであるが，当時の政府は，自ら受諾したポツダム宣言の趣旨を実現する憲法体制を構想できなかったこと，明治憲法所定の正規の改正手続がとられ，憲法制定を審議する帝国議会の召集の直前に完全普通選挙による衆議院の総選挙が実施されたこと，帝国議会において審議されて，圧倒的多数の賛成で修正可決，成立したことなどを踏まえると，憲法の制定経過に落ち度があって，効力に影響があるなどというような意味では，自律性を害していたということはできない。

■八月革命説

　主権原理の転換をともなうような憲法改正はできないというのが，通説的な理論である（改正限界説）。そうすると，天皇主権をとる明治憲法の改正手続の下に，国民主権の日本国憲法が定められたことの理論的説明に困ることとなる。

　この点について，多くの憲法学者は，政府が「日本国国民ノ自由ニ表明セル意思ニ従ヒ平和的傾向ヲ有シ且責任アル政府カ樹立セラルル」（12項）ことを求めるポツダム宣言を受諾した1945年8月の時点で，すでに天皇主権から国民主権への転換（革命）が生じていたという考え方を支持している。これを八月革命説という。

　この考え方の下では，日本国憲法は，ポツダム宣言受諾にともない成立していた国民主権を成文化したものであるが，ただ，政治上の便宜から，明治憲法の改正手続に従ったということになる。

前文

　日本国民は，正当に選挙された国会における代表者を通じて行動し，われらとわれらの子孫のために，諸国民との協和による成果と，わが国全土にわたつて自由のもたらす恵沢を確保し，政府の行為によつて再び戦争の惨禍が起ることのないやうにすることを決意し，ここに主権が国民に存することを宣言し，この憲法を確定する。そもそも国政は，国民の厳粛な信託によるものであつて，その権威は国民に由来し，その権力は国民の代表者がこれを行使し，その福利は国民がこれを享受する。これは人類普遍の原理であり，この憲法は，かかる原理に基くものである。われらは，これに反する一切の憲法，法令及び詔勅を排除する。

　日本国民は，恒久の平和を念願し，人間相互の関係を支配する崇高な理想を深く自覚するのであって，平和を愛する諸国民の公正と信義に信頼して，われらの安全と生存を保持しようと決意した。われらは，平和を維持し，専制と隷従，圧迫と偏狭を地上から永遠に除去しようと努めている国際社会において，名誉ある地位を占めたいと思ふ。われらは，全世界の国民が，ひとしく恐怖と欠乏から免がれ，平和のうちに生存する権利を有することを確認する。

　われらは，いずれの国家も，自国のことのみに専念して他国を無視してはならないのであつて，政治道徳の法則は，普遍的なものであり，この法則に従うことは，自国の主権を維持し，他国と対等関係に立たうとする各国の責務であると信ずる。

　日本国民は，国家の名誉にかけ，全力をあげてこの崇高な理想と目的を達成することを誓ふ。

1 前文の基本的意味

　日本国憲法には個別の条文に先立ち，冒頭に「前文」が置かれている。各国の憲法の冒頭にも同様の規定が置かれ，**憲法制定の由来・動機，憲法の根本原理等**を示している。

　第1段落では，「自由のもたらす恵沢を確保」すること，再び「戦争の惨禍」が起こることのないようにすること，「主権が国民に存すること」を宣言し，**基本的人権の尊重，平和主義，国民主権が憲法の三大原理**であることを謳っている。

　第2段落では，わが国の安全と平和を，諸国民の公正と信義に信頼して保持しようとの決意を述べるとともに，**全世界の国民が平和のうちに生存する権利**を有することを確認する。

　そして，**第3段落**では，**政治道徳の普遍性**を指摘し，自国中心主義を否定する。

　最後に，**第4段落**では，日本国民が崇高な理想と目的を達成することを誓約するものとなっている。

2 国民主権の原理・間接民主政

　第1段落が規定する「国民主権」には，①国家が統治権を行使できるのは，国家権力の正当性が国民に由来するという側面と，②国民が国家権力を担当する，国家の意思形成に参画するという側面の2つがある。②の要素を重視するならば，直接民主制につながり，地方自治特別法の住民投票（95条）や，憲法改正の国民投票（96条1項）はその例となる。

　しかし，憲法が重視するのは①の要素というべきである。すなわち，憲法は「国政は，国民の厳粛な信託によるものであつて，その権威は国民に由来し，その権力は国民の代表者がこれを行使」するとし，「全国民を代表する選挙された議員でこれを組織する」両議院で構成する国会で立法権を行使するものとして（41条），間接民主政を採用している。

3 前文は裁判で使えるか

　前文は，憲法の一部を構成しつつ，その基本原理を宣言する重要な部分である。そして，第1段落の末尾において，憲法の三大原理に反する「憲法」を排除すると規定し，憲法改正の限界を指示するものとなっている。

　しかし，その内容が抽象的・理念的なものであることは否定できない。そこで，国民が，裁判所に訴えて，前文の内容を直接の根拠として国の行為が憲法に反し，無効であるとの結論を得ることができるかどうか（これを憲法学者は「裁判規範性」があるかどうかと呼ぶ），特に，第2段落の「平和的生存権」の裁判規範性が問われてきた。

　この点，前文の規定は，抽象的な原理を宣言するにとどまるものであって，国の特定の行為が前文に違反するから無効だという判決を引き出すことは困難であると一般的には考えられている。

　平和的生存権についていうならば，「全世界の国民が，ひとしく恐怖と欠乏から免れ，平和のうちに生存する権利」と述べ，一国の憲法のみでは実現し得ない内容を規定するところからしても，高度に理念的なものといえ，裁判において攻撃の材料となるような具体的な権利ということは困難といわざるを得ない。

他の国の憲法は？

フランス第5共和国憲法　前文

　フランス人民は，1946年憲法前文で確認され補充された1789年宣言が定める人権および国民主権の原理，さらに2004年環境憲章が定める権利と義務に対する愛着を，厳粛に宣言する。（以下略）

➡フランスの現憲法は，詳細な人権規定をもたないが，この規定から人権保障の根拠を手繰り寄せ，かつ，憲法院の違憲審査権の行使によって，人権保障が図られているといわれる。

フランス第5共和国憲法（1958年憲法）は，『フランス憲法入門』（辻村みよ子・糠塚康江著 三省堂）p.254より

第 1 編　第 4 講　最高法規性

第 97 条〔基本的人権の本質〕
　この憲法が日本国民に保障する基本的人権は，人類の多年にわたる自由獲得の努力の成果であつて，これらの権利は，過去幾多の試錬に堪へ，現在及び将来の国民に対し，侵すことのできない永久の権利として信託されたものである。

第 98 条〔最高法規性，条約・国際法規の遵守〕
　1　この憲法は，国の最高法規であつて，その条規に反する法律，命令，詔勅及び国務に関するその他の行為の全部又は一部は，その効力を有しない。
　2　日本国が締結した条約及び確立された国際法規は，これを誠実に遵守することを必要とする。

第 99 条〔憲法尊重擁護義務〕
　天皇又は摂政及び国務大臣，国会議員，裁判官その他の公務員は，この憲法を尊重し擁護する義務を負う。

❶ 憲法の最高法規性

　98 条 1 項は，憲法の最高法規性を定める。これは，憲法が国の法秩序の中で最も強い効力を有し，これに反する法律その他の法令や国の行為が無効であることを意味する。そして，裁判所が憲法に違反する法令等の適用を排斥する違憲審査制（81 条）や，憲法の改正に非常に厳しい手続要件が課せられていることが（硬性憲法，96 条），その最高法規性を制度的に支えている。

　本条の直前に基本的人権の永久不可侵を定める 97 条が置かれている。この条文の配置は，憲法が表現の自由その他の基本的人権を保障するための規範であることこそが，憲法が最高法規とされることの理由であることを示している。

CHECK

▶1　憲法 81 条の違憲審査権は，憲法に反する法令を廃止する権限ではないが（195 ページ以降を参照），違憲判断がされると，速やかに違憲とされた法令の改正手続がとられている。

2 国際協調主義

98条2項は，日本が条約や国際慣習法を遵守すべきことを規定している。この条文を1つの根拠として，条約は法律に優位する効力を有すると考えられている。

3 憲法尊重擁護義務

憲法の最高法規性を担保するもう1つの制度が99条である。同条は「天皇又は摂政及び国務大臣，国会議員，裁判官その他の公務員」という国家機関を対象として，憲法尊重擁護義務を定めるものである。憲法は，国民の自由を確保するために国家権力を縛るものであるから，公権力を行使する者に対し憲法を遵守すべきことを指示したのである。

本条には，この義務を負う者として「国民」が掲げられていない。憲法の上記の性質からすれば，国民は，この義務の対象ではなく，国家機関をこの義務に従わせる立場にあるからである。

▶2 憲法改正には法律制定の手続よりはるかに重い手続が必要であるため，憲法規範を法律で改廃することがありえないこととなる。

▶3 公務員は，就任の際，日本国憲法を遵守すること等を内容とする宣誓書に署名して任命権者に提出することを要する（国家公務員法等）。

他の国の憲法は？

ドイツ共和国憲法は，選挙などの民主主義の過程をとおして国家権力を掌握し，国民の自由を破壊したナチズムの体験を踏まえ，「自由で民主的な基本秩序」に敵対する勢力への対抗措置を規定した。

すなわち，表現の自由その他の基本権を自由で民主的な基本秩序に敵対するために濫用する者に対し，基本権を喪失すると定めるなどして（18条），「たたかう民主制」の立場をとる。

これに対し，日本国憲法は，国民に対し，憲法に対する忠誠を求めていない。

めて知る

立憲主義とは何か
日本国民のための日本国憲法

第2編 天皇

「国王は国家の『尊厳的部分』の座頭に位しているだけである。首相が『実践的部分』の首位にいる」（バジョット『英国の国家構造』）

現代において，世襲の君主制をもつ西欧諸国の国王は，実質的な政治権力を有せず，象徴的地位を保持するにとどまる。これは日本国憲法の下における天皇も同じである。

第2編　第1講　象徴天皇制

> **第1条〔天皇の地位，国民主権〕**
> 　天皇は，日本国の象徴であり日本国民統合の象徴であつて，この地位は，主権の存する日本国民の総意に基く。
>
> **第2条〔皇位の継承〕**
> 　皇位は，世襲のものであつて，国会の議決した皇室典範の定めるところにより，これを継承する

1 象徴の意味

　1条は，天皇が日本国の象徴であり，日本国民統合の象徴である地位にあること，及びその地位が主権者である国民の総意に基づくことを規定した。

　象徴とは何か。例えば，WHO（世界保健機関）のマークは，杖に巻きつく蛇である。これは，ギリシア神話に登場する名医アスクレピオスの持っていた蛇（クスシヘビ）の巻きついた杖を示すものである。これは医療を象徴するものとして世界中で用いられているが，このように象徴とは，抽象的な観念を具体的なもの（人や物事）によって示す過程・作用をいう。

　天皇の地位や権能は，大日本帝国憲法（明治憲法）の下におけるそれと原理的に違うものとなった。明治憲法下では，国家の統治権は天照大神に発し，天皇の祖先がその統治権を代々継承してきたものであるとの考え方がとられていた。すなわち，その地位は神勅に基づくとされたのである。そして，天皇は国家の統治権を統括する権能を有した（1条）。

　日本国憲法の下において，天皇の地位の神格性は否定され，その地位は主権者国民の総意に基づくものとされた。そして，天皇は国事行為のみを行い，国政に関する権能をもたないこととなった（25ページを参照）。そのような天皇の地位を示すものとして

CHECK

▶1 WHOのマーク

用語

▶2 **大日本帝国憲法**
　日本の旧憲法。明治憲法とも呼ばれる。1947年（昭和22年）の日本国憲法施行まで存続した。

▶3 **天照大神**
　日本神話に登場する神のこと。

▶4 **神勅**
　神の与えた命令を意味する言葉。

22

「象徴」規定が置かれたものである。すなわち，憲法学者は，1条の象徴規定は，**天皇が象徴としての地位以外の役割をもたない**ことを示すことに意義があるとしている。

2 皇位継承について

2条は，皇位を世襲（祖父や父から子や孫へと受け継いでいくこと）のものと定めた。国家機関の地位の世襲制は，民主主義の理念及び貴族の撤廃を含む平等原則と矛盾するものであるが，本条は，その例外を定めたものである。世襲の在り方については，「皇室典範」という名称の法律で定めることとしている。

明治憲法下においては，皇室典範は帝国議会が関与できない皇室の自律的な規範であったが（同法74条1項），日本国憲法の下で国会が制定する法律となった。

皇室典範の下で，皇位は，皇統に属する男系の男子が，これを継承するとして（同法1条），男系男子による皇位継承が規定されている。皇統とは，歴代の天皇から血が繋がっていることである。男系とは，天皇と男のみで血統がつながっている子孫をいう。天皇の子や孫のうち，男を親王，女を内親王というが（同法6条），親王の子は男系となるが，内親王の子は女系となる。皇室典範はさらに，皇位継承権を男子に限定した。
▶5

他の国の憲法は？
デンマークの王位継承

1953年の改正前の憲法では，王位継承者が男性に限られていたが，フレゼリック9世に男子がいなかったため，同年の憲法及び王位継承法の改正で，男子優先としつつ，男子がいない場合は女子の年長者に継承されることになった。これを受けて，現国王は，女王のマルグレーテ2世である。

その他，1979年にスウェーデン，1983年にオランダ，1990年にノルウェー，1991年にベルギーで，性別を問わずに，長子に王位を伝えるよう王位継承法が改正され，2013年にはイギリスにおいても同様の改正が行われた。

▶5 皇室に親王が不足している状況を踏まえ，「皇室典範に関する有識者会議」で議論が行われ，安定的な皇位継承のために，女性天皇や女系の天皇を認めるべきであるとする報告書（2005年11月24日）がまとめられた。しかし，2006年9月6日に41年ぶりに天皇家に親王が誕生したため，この議論は進んでいない。

第3条〔天皇の国事行為と内閣の責任〕

　天皇の国事に関するすべての行為には，内閣の助言と承認を必要とし，内閣が，その責任を負ふ。

第4条〔天皇の権能，国事行為の委任〕

1　天皇は，この憲法の定める国事に関する行為のみを行ひ，国政に関する権能を有しない。
2　天皇は，法律の定めるところにより，その国事に関する行為を委任することができる。

第5条〔摂政〕

　皇室典範の定めるところにより摂政を置くときは，摂政は，天皇の名でその国事に関する行為を行ふ。この場合には，前条第一項の規定を準用する。

第6条〔天皇の任命権〕

1　天皇は，国会の指名に基いて，内閣総理大臣を任命する。
2　天皇は，内閣の指名に基いて，最高裁判所の長たる裁判官を任命する。

第7条〔天皇の国事行為〕

　天皇は，内閣の助言と承認により，国民のために，左の国事に関する行為を行ふ。
　一　憲法改正，法律，政令及び条約を公布すること。
　二　国会を召集すること。
　三　衆議院を解散すること。
　四　国会議員の総選挙の施行を公示すること。

> 五　国務大臣及び法律の定めるその他の官吏の任免並びに全権委任状及び大使及び公使の信任状を認証すること。
> 六　大赦，特赦，減刑，刑の執行の免除及び復権を認証すること。
> 七　栄典を授与すること。
> 八　批准書及び法律の定めるその他の外交文書を認証すること。
> 九　外国の大使及び公使を接受すること。
> 十　儀式を行ふこと。

1 天皇の権能（権限）に関する基本的事項（3条，4条）

3条及び4条は，天皇の権能（権限）に関する基本的事項を定めるものである。

天皇は，憲法の定める国事に関する行為（これを「国事行為」という）**のみを行い，国政に関する権能を有しない**（4条1項）。天皇の権限としては，憲法が形式的・儀礼的行為として個別に規定する国事行為のみを行うことができ（6条，7条），国政に関する行為（その趣旨は，政治的な決定をし，又は影響力を行使することと解される）ができないこととしている。

さらに，その**国事行為**について，**内閣の助言と承認を要し，内閣がその責任を負う**こととした（3条）。ここで「助言と承認」とは，「助言」と「承認」という別個の行為があるのでなく，内閣の1つの行為であり，国事行為の事前に行うことを要する。助言と承認は，天皇に一切の判断権を与えないこととする趣旨である。

2 具体的な国事行為

国事行為は，6条及び7条に規定されて，これ以外にはない。

国事行為には，①政治的行為ではあるが，他の国家機関が実質的決定をし，内閣の助言と承認で行うために形式的・儀礼的なも

用　語

▶1　儀礼的行為
慣習によって，形式が整えられている礼法や礼式について，その形式を重んじて物事を行うこと。

のとなるもの（内閣総理大臣や最高裁判所長官の任命, 国会の召集, 衆議院の解散など）, ②本来的に, 形式的・儀礼的なもの（国務大臣の任免の認証, 外国の大使・公使の接受, 儀式）がある。憲法は, ②についても, 内閣の助言と承認を求めている。

▶2 衆議院の解散を実質的に決定する機関については, 177ページを参照。

ここは若干のわかりにくい用語を解説しよう。

■国会の召集　召集（7条2号）とは, 国会議員を国会に集め, 国会を活動可能な状態にさせる行為である。召集は, 集まるべき日を定めて官報（政府の発行する新聞）で詔書を公布し行う。議員は召集詔書に指定された期日に, 各議院に集会しなければならない（国会法1条, 5条）。

■認証　国務大臣等の任免の認証（7条5号）とは, 一定の行為が正当な手続でされたことを証明する国家機関の行為である。国務大臣についていうならば, 内閣総理大臣が作成した辞令に, 天皇が助言と承認に基づき署名することで認証をする。

■栄典　国や社会に功労があったなどとして, 名誉のしるしとして与える位や勲章のこと。

3 天皇の権限の代行

(1) 摂政

天皇が成年に達しないとき（天皇, 皇太子, 皇太孫の成年は18歳。皇室典範22条）, 精神若しくは身体の重い病気又は重大な事故で自ら国事行為を行うことができないときは, 天皇の代行機関として摂政をおき, 天皇の名で国事行為を行う（5条, 皇室典範16条〜）。

用 語
▶3 代行機関
ある役割を有するものについて, その代わりに行う役割を有するもののこと。

▶4 摂政の就任順位は, 皇室典範で定められている。

(2) 国事行為の臨時代行

天皇に，執務できない一時的な事情がある場合には（海外訪問又は入院加療など）には，内閣の助言と承認に基づき，国事行為を委任することができる（4条2項，国事行為の臨時代行に関する法律）。

4 天皇の公的行為

天皇は，実際には，国事行為以外のものとして，国会の開会式に参列して「おことば」を朗読したり，外国元首（アメリカ合衆国大統領その他）を接受したり，外国への公式訪問，国民体育大会の開会式への出席など，国事行為でもなく，純然たる私的行為ともいえない行為を行っている。

▶5 2015年4月にパラオのペリリュー島を訪問し，太平洋戦争の戦没者を慰霊した。

> ■平成27（2015）年1月26日 第189回通常国会の開会式における天皇の「おことば」
> 「本日，第189回国会の開会式に臨み，全国民を代表する皆さんと一堂に会することは，私の深く喜びとするところであります。国会が，国民生活の安定と向上，世界の平和と繁栄のため，永年にわたり，たゆみない努力を続けていることを，うれしく思います。ここに，国会が，当面する内外の諸問題に対処するに当たり，国権の最高機関として，その使命を十分に果たし，国民の信託に応えることを切に希望します。」

このような行為の性格については，見解の相違もあるが，一般には，象徴としての地位に基づく公的な行為と位置づけたうえで，内閣の直接又は間接の補佐を要し，その責任も内閣が負うものと解されている。

第2編　第3講　皇室経済

第8条〔皇室の財産授受〕
　皇室に財産を譲り渡し，又は皇室が，財産を譲り受け，若しくは賜与することは，国会の議決に基かなければならない。
▶1

第88条〔皇室財産・費用〕
　すべて皇室財産は，国に属する。すべて皇室の費用は，予算に計上して国会の議決を経なければならない。

1 条文の基本的意味

　明治憲法の下では，皇室経費について，増額の場合を除き議会の関与は排除された（明治憲法66条）。また，皇室は，膨大な私的財産（「御料」といわれた）を所有した。

　これに対し，日本国憲法の88条は，上記の皇室財産をすべて国有化し，皇室の費用は予算に計上し，国会の議決を経なければならないとして，皇室経費の国会によるコントロールを定めた。本条は，今後も皇室の私的財産の保有を認めない趣旨である。

　さらに，皇室への私的財産の集中を避けるとともに，皇室が特定人と特別な繋がりをもち，不当な影響力を行使することを防止するため，皇室が財産を授受することについて，国会の議決に基づかなければならないこととしている（8条）。

2 国の予算に計上される皇室経費

　国の予算に計上される皇室経費は，①内廷費という天皇・皇后，皇太子・皇太子妃等の内廷（皇居）における皇族の日常費用（天皇家の「お手元金」となるもの。国家予算として国会の議決の対象だが天皇家に支払われた後は，私的経費となる），②宮廷費（皇室の公的な活動に充てられる公金），③皇族費（天皇家以外の皇族の「お手元金」である）に分類される（皇室経済法4条〜6条）。
▶2

▶1 賜与
　身分の高い者が目下の者に金品を与えること。

▶2 2015年度予算において，①は3億2,400万円，②は55億6,294万円，③は2億2,997万円であった。

めて知る

立憲主義とは何か
日本国民のための日本国憲法

第3編

平和主義・戦争の放棄

「ドイツ基本法 87 条 a（1）連邦は，防衛のために軍隊を設置する」

　第二次世界大戦の敗戦国である西ドイツは，再軍備のために 1956 年に基本法を改正した。日本は憲法 9 条の下，1954 年に自衛隊を創設し，その規模が警察力から自衛力へと強化されていく中で，同条の解釈をめぐって深刻な対立が生じ，国際協力の在り方を含め，重要な争点となって今日に至っている。

第3編 平和主義・戦争の放棄

第2章 戦争の放棄

第9条〔戦争の放棄，戦力・交戦権の否認〕

1　日本国民は，正義と秩序を基調とする国際平和を誠実に希求し，国権の発動たる戦争と，武力による威嚇又は武力の行使は，国際紛争を解決する手段としては，永久にこれを放棄する。
2　前項の目的を達するため，陸海空軍その他の戦力は，これを保持しない。国の交戦権は，これを認めない。

1 条文の基本的意味

　9条は，戦争の放棄，戦力の不保持及び交戦権の否認を定める。戦力の不保持を定める9条2項の下，日本には世界有数の軍事力をもつ自衛隊が存在するため，国会や憲法学説において最大の憲法論議の対象となってきた。

　さらに，9条の下で可能な自衛隊の国際協力や対米支援の限界が争点である。

▶1 威嚇とは，自国の要求に従わないと軍事措置に訴えると通知することや，他国の沿岸地域への軍艦の派遣などである。

(1) 戦争の放棄（9条1項）

　9条1項は，国家が宣戦布告などの開戦意思を示して行う「戦争」も，そのような法的形式をとらない事実上の「武力による威嚇又は武力の行使」も，日本は永久に放棄することを規定した。

　しかし，本項には「国際紛争を解決する手段としては」という，放棄の範囲を限定するような言葉が付いている。この規定ぶりが，侵略戦争を禁止した不戦条約（パリ条約）の「締約国は，国際紛争

▶2

自衛隊の整備規模（2014年版『防衛白書』より）

30

第3編　平和主義・戦争の放棄

解決のために戦争に訴えることを非難し，かつ，その相互の関係において**国家政策の手段として戦争を放棄する**ことを，その各々の人民の名において厳粛に宣言する。」(第1条)に似ていることや，戦争を違法とする戦後の国際法においても(国際連合憲章2条4項)，自衛権は国家固有の権利とされていることなどから(同51条)，9条1項では自衛権の行使は否定されていないというのが，憲法学説として多数説であり，政府の解釈でもある。

これに対し，自衛戦争と侵略戦争の区別は明確でないこと，武力行使の名目として自衛を掲げる事例が多いこと（太平洋戦争の開戦の詔勅〔天皇のことば〕にも「自衛」が謳われた），戦争の惨禍を経てその基本原理として平和主義を掲げた日本国憲法が自衛戦争の余地を残したとは考えられないことなどとして，1項は自衛権行使も放棄しているとの見解をとる憲法学者もいる。

 CHECK

▶2　1928年，米国のケロッグ国務大臣と仏国のブリアン外相が提唱した不戦条約（15か国参加，後に拡大）。米国は締結に際し自衛権を制限するものではないと留保をつけた。

 用語

▶3　国際法
　国と国の間を規律するルールのこと。国と国とで約束したルール（条約）のほか，国際社会で当然に守るべきと考えられる慣習法が含まれる。

■自衛権

　自衛権には，**個別的自衛権**と**集団的自衛権**がある。個別的自衛権とは，外国からの侵略に対して，自国を防衛するために必要な武力の行使（軍事力の行使）をする権利である。集団的自衛権とは，ある国（A国）が，B国から侵略され，反撃しているが（個別的自衛権），それが不十分である場合に，B国から侵略されていない他の国（C国）が，A国の反撃を補完，援助するために武力の行使をする権利である。自国（C国）の権利が侵害されるからでなく，平和・安全に関する一般的利益に基づく措置である。

　国連憲章51条においては，個別的自衛権も集団的自衛権も国家の固有の権利とされているが，これは国連安保理が侵略に対し必要な措置をとる権限を有することを規定した上で，安保理が機能しない場合に備えて規定されたものである。

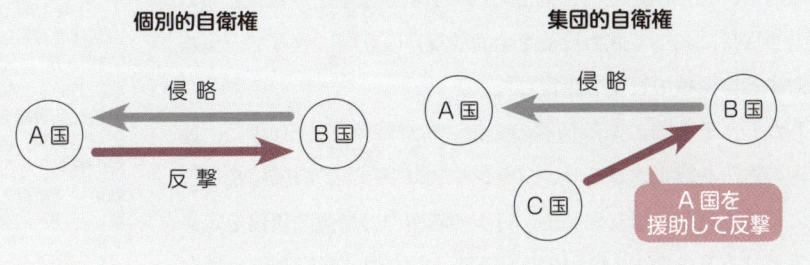

(2) 戦力の不保持・交戦権の否認（9条2項）

9条2項前段では，陸海空軍その他の戦力は，これを保持しないと規定する。これを「戦力の不保持」という。憲法学説の多くは，次のいずれかの立場をとっている。

① 1項で，自衛戦争も放棄したと解する見解
② 1項では，侵略的な戦争や武力行使のみを放棄していると解釈しつつも，2項前段であらゆる戦力の不保持を定めたため，結局，自衛のための戦争や武力行使もできないとする見解

これらに対し，③として，1項で放棄したのは，侵略戦争に限定されると解したうえで，2項冒頭の「前項の目的を達成するため」の部分を重視し，2項は1項の侵略戦争の放棄という目的を達成するため，侵略戦争のための戦力を放棄したとする見解（自衛のための戦力の保持を容認する立場）も唱えられたが，少数説にとどまっている。

▶4 連合国が日本を占領する間その最高の意思決定機関として置かれた極東委員会の中にこの解釈をとる者がいて，いわゆる文民条項（66条2項）の追加が要求されたことについては，173ページを参照。

■交戦権の否認

9条2項後段は，「交戦権の否認」を定めている。「交戦権」の意味は明らかではなく，①字義どおり，戦いを交わす権利と解する説と，②交戦状態に入った国が有する，敵国の兵力や軍事施設を殺傷・破壊し，敵国船舶を捕まえ，敵国の領土を占領するなどの権利を指すという立場の両説がある。②の見解が多数を占めている。

2 政府の9条解釈と自衛隊・日米安全保障条約

(1) 国家固有の権利としての自衛権

政府は，憲法制定当時，前記の②（1項では限定放棄，2項の戦力不保持によって武力行使を全面放棄）の立場に立って，侵略に対する自衛権の行使も否定した。

しかし，その後の国際情勢の変化（朝鮮戦争〔1950年〕），連合国の占領を終了させるサンフランシスコ平和条約の締結及び同時に締結された日米安保条約，日本の防衛力の増強の義務を定めたアメリカとの間のMSA協定の締結，保安隊・警備隊の自衛隊

▶5 吉田首相は，憲法改正を審議する帝国議会において，9条1項では自衛権を否定していないが，9条2項において一切の軍備と交戦権を認めない結果，自衛権の発動としての戦争や交戦権も放棄したことになると答弁した。

第3編　平和主義・戦争の放棄

への改組を経て，9条の解釈を変更した。すなわち，9条は「国家固有の権利としての自衛権」を否定するものでなく，自衛権がある以上，自衛のための必要最小限度の実力（自衛力）は，9条2項の「戦力」に該当せず，これを保持することは禁止されないという解釈を採用するに至った。「戦力」の概念を限定することによって，一切の戦力の不保持という憲法解釈は維持したのである。

これに対し，政府は，集団的自衛権については，日本は集団的自衛権を有しているが，その行使は自衛のための必要最小限度の実力の行使とはいえないとして，憲法上認められないという解釈をとっていた。9条の下では，自国が攻撃されていないのに軍事行動をするのは行き過ぎと考えたのである。しかし，2014年7月1日の閣議決定でこの憲法解釈を変更した（4を参照）。

交戦権の否認（9条2項後段）について，政府は，「交戦権」とは交戦状態に入った国に国際法上認められている権利を意味するとしたうえで，自衛権の行使にともない相手国兵力を殺傷する場合にも，それは交戦権とは区別されるもので，敵国の領土を占領するなどの権利は認められないとしている。

▶6　第90回帝国議会衆議院議事速記録第6号（1946年6月27日）における吉田茂首相の答弁。

▶7　GHQは駐留軍を朝鮮半島へ派遣するに当たって，日本政府に対し，国内の治安維持・防衛をするために警察予備隊の創設を求めた。

■自衛隊憲法訴訟

　自衛隊が憲法に違反するかどうかが争点となる訴訟が行われ，注目を集めた。しかし，地方裁判所の憲法判断はあるが，最高裁判所が自衛隊の違憲・合憲の判断をしたことはない。

①恵庭事件

　北海道恵庭町の自衛隊基地の周辺住民が演習（砲撃訓練）に抗議して，着弾地点等の連絡用の電話通信線を切断したため，自衛隊法違反の罪（121条の防衛の用に供する物を壊した罪）で起訴された刑事事件である。

　被告人側が自衛隊法及び自衛隊が憲法9条や前文に反し違憲であるとして無罪を主張したのに対し，札幌地方裁判所（昭和42〔1967〕年3月29日）は，本件電話通信線はそもそも「防衛の用に供する物」ではないとして，被告人を無罪とした。罰則規定にそもそも該当していないことを理由として無罪としたもので，憲法判断に踏み込まなかったのである。検察官が控訴しなかったため，地方裁判所の判決が確定し，結

33

局，裁判所の憲法判断は示されなかった。

②長沼ナイキ訴訟

北海道長沼町に自衛隊の地対空ミサイルの基地を設置するために国（農林水産大臣）がその予定地の森林の水源かん養保安林指定を解除したことについて，基地の設置に反対の地域住民が基地の設置は保安林指定の解除のための「公益上の理由」がないとして，保安林の指定の解除の取消し等を求めたという事件である。

札幌地方裁判所（昭和48〔1973〕年9月7日）は，9条2項が保有を禁止する「陸海空軍」とは「外敵に対する実力的な戦闘行動を目的とする人的，物的手段としての組織体」を意味するとし，自衛隊の編成，規模，装備，能力からすると，自衛隊は明らかに「陸海空軍」という戦力に該当すると述べ，基地の設置は，保安林の指定の解除に必要な「公益上の理由」に該当せず，違法であるとして，保安林指定の解除措置を取り消した。控訴審において，札幌高等裁判所は，保安林の指定解除後に保安林の機能を代替する施設が設置されたから，地域住民は保安林指定の解除の取消しを求める法律上の利益がなくなったなどとして，地方裁判所の判決を取り消した。自衛隊の合憲・違憲や，保安林指定の解除の適法性などの中身の判断に入る前のいわゆる門前払いの判決である。最高裁判所も，高等裁判所の判決を支持した。

自衛隊をめぐる事件としては，これらのほかに，③自衛隊の基地の用地確保のための国と地主との間の売買契約の有効性が争われた事件（百里基地訴訟）や，④自衛隊のイラク派遣の差止めを求めた事件等がある。

(2) 日米安全保障条約

日本は，自衛隊をもつとともに，アメリカに安全保障を求め，同国との間で「日本国とアメリカ合衆国との間の相互協力及び安全保障条約」（通称「日米安全保障条約」）を締結している。

この条約は，①日本が侵略されたときは，アメリカに集団的自衛権を発動して日本を防衛することを義務づけるとともに（第5条，逆にアメリカが侵略されても，日本は防衛の義務を課せられない），②日本にアメリカに対する基地の提供義務を課している（第6条）。

この基地の利用目的は「日本国の安全」並びに「極東における国際の平和及び安全の維持」に寄与することとされ，1996年の

▶8 農林水産大臣は，防衛庁から申請を受けて「公益上の理由により必要が生じたときは，その部分につき保安林の指定を解除することができる。」とする森林法26条2項に基づき，指定を解除して，森林の伐採を許可した。

日米安全保障共同宣言を経て，アメリカのアジア太平洋地域への軍事行動の基地としての利用を認めるものとなっている。

■砂川事件

日米安全保障条約に基づき駐留する在日米軍の合憲性が問題となった事件である。1957年，米軍の立川基地（東京都北多摩郡砂川町〔現・立川市〕）の拡張計画に反対する者が境界柵を破壊し基地内に立ち入ったため，刑事特別法違反の罪で起訴された刑事事件である。

東京地方裁判所は，日本が駐留を許している在日米軍は9条2項が保有を禁止する「戦力」に該当し，刑事特別法は違憲無効であるとして無罪判決を出した。

これに対し，検察官が最高裁判所に判断を求めた。最高裁判所（昭和34〔1959〕年12月16日）は，9条2項が禁ずる「戦力」とは，日本がその主体となってこれに指揮権，管理権を行使し得る戦力をいうもので，外国の軍隊は戦力に該当しないとした。そして，日米安全保障条約が憲法9条や前文の平和主義に反しないかという点について，統治行為論（直接国家統治の基本に関する高度に政治性のある国家行為は，事柄の性質上，司法審査から除外されるという理論）に基づき，判断を避けた。

■日米防衛協力の指針（ガイドライン）

日本への武力攻撃などが生じたときにおける自衛隊と米軍の役割分担を定めるものとして，日米防衛協力のための指針が定められ，改定されてきた。

1978年に旧ソ連の日本への侵略に備え，初めて作成された。冷戦終結後の1997年に改定され，**周辺事態における日米協力**を定めた。その実施のために周辺事態安全確保法等が制定された。2015年にさらに改訂され，**地域を限定することなく，武力攻撃への対処行動について日米協力**を定めた。その実施のための関連法案が2015年の通常国会に提出された。

用語

▶9 極東
この極東の意味については，日米間で，アジア太平洋地域に及びうることが確認されている。

▶10 刑事特別法
日米安全保障条約に基づき駐留する米軍の基地への侵入や米軍兵器の損壊などを禁じ，処罰する法律

▶11 周辺事態
日本周辺の地域における，日本の平和と安全に重要な影響を与える事態。朝鮮半島で武力衝突が発生した場合などである。また，朝鮮半島有事の場合に米軍が行う行動への自衛隊の実施する措置とその手続を定める「周辺事態安全確保法」が制定された。

❸ PKO活動その他の国際協力と9条

(1) PKO活動について

　日本は、冷戦の終結や湾岸戦争（1991年）の後に、自衛隊の海外における国際協力（国際連合平和維持活動〔PKO活動〕その他）への参加を展開することとなった。

　PKO活動とは、国際連合が中心となって行う国際紛争の停戦の監視、紛争で破壊された社会インフラの補修、援助物資の輸送等を行う活動である。自衛隊がこの活動に参加する場合において、現地において、自衛隊の部隊と紛争当事国等（国又は国に準じる勢力）との間で武力衝突をするなどの事態になれば、自衛権の行使をはみ出す武力の行使となって、憲法に違反するおそれがある。そこで、自衛隊の任務遂行中にそのような事態が生ずることへの歯止めとして、①紛争当事国間の停戦合意の成立、②平和維持隊の活動及び日本の参加について紛争当事国が同意していること、③平和維持隊が中立的立場を厳守すること、④以上の基本方針が満たされない状況が生じた場合における撤収、⑤武器の使用は要員の生命等の防護のために必要最小限のものに限るというPKO5原則を規定した「国際連合平和維持活動等に対する協力に関する法律」（通称、PKO協力法）を制定した。

　同法に基づき、自衛隊は、国連カンボジア暫定機構、国連モザンビーク活動、ルワンダ難民支援、国連兵力引き離し監視隊、東ティモール避難民救援等に参加した。

(2) 軍事行動への後方支援等

　米国同時多発テロ（2001年9月11日）をきっかけとして勃発した対テロ戦争（アフガン戦争）や、その後のイラク戦争に関し、テロ対策特別措置法やイラク支援特別措置法に基づき自衛隊が実施した後方支援等は、戦闘継続中に他の一方当事者に対する協力行動を含むもので、自衛隊の国際協力の転機というべきものであった。

▶12 アフガン戦争に参加する多国籍軍の艦船に対するペルシャ湾での洋上補給、バグダットで民兵組織と戦闘行為を行う多国籍軍の兵員の航空搬送等のこと。

この点，政府は，他国による武力行使への参加に至らない協力（輸送，補給，医療等）は，当該他国による武力行使と一体となるようなものは自らも武力の行使を行ったとの評価を受けるもので憲法上許されないが，一体とならないものは許されると説明した（武力行使との一体化論）。

この議論の前提として，日本は，正規の国連軍であろうが，国際連合安全保障理事会の決議に基づく多国籍軍であろうが，その任務として，武力の行使を含む活動には参加できないということを押さえておく必要がある。何故ならば，日本は憲法上，自衛権の行使としてのものを除き，武力の行使をすることが許されないからである。

これらの活動は，既に終結しているが，今後，さらに深化していくであろう自衛隊の国際協力を憲法の範囲内で実施するための有効な歯止めが必要である。

4 集団的自衛権の行使に関する憲法解釈の変更

政府は，前記2(1)のとおり，集団的自衛権の行使は自衛のための必要最小限度の実力の行使とはいえないので憲法に違反すると説明してきたが，2014年7月1日の閣議決定でこの解釈を変更し，日本と密接な関係にある他国に対する武力攻撃が発生し，これにより日本の存立が脅かされ，国民の生命，自由及び幸福追求の権利が根底から覆される明白な危険がある場合において，これを排除し，日本の存立を全うし，国民を守るために他に適当な手段がないときに，必要最小限度の実力を行使することは憲法上許容されるとした。

上記の解釈変更については，①戦力の不保持・交戦権の否認を定める憲法9条2項の下で他国の防衛のための武力行使をすることが許されるのか，憲法の改正を要する事項ではないのか，②仮にこのような解釈の余地があるとして，そのような解釈の変更を必要とする事実関係が存在するのか，③上記のような要件に該

▶13 おおまかにいうならば，前線の戦闘部隊に武器・弾薬を輸送する行為は許されないが，非戦闘地域で外国の海軍の艦船に給油をする行為は許されるという考え方である。

▶14 政府は，このような事態を後掲の安全保障関連法制において「存立危機事態」と位置付けた。

第3編　平和主義・戦争の放棄

当する事態とはいかなるものかなどについて、慎重に検討すべきである。

前記②について、政府は、憲法解釈の変更を理由づける事実関係として、パワーバランスの変化や技術革新の急激な進展、大量破壊兵器などの脅威により日本を取り巻く安全保障環境が根本的に変容し、変化し続けている状況を踏まえ、他国への武力行使によって、日本の存立を脅かすことがある得る旨の説明をしている。

この解釈を踏まえ、政府は、2015年5月15日、（1）防衛出動を命ずることができる事態として、存立危機事態を追加する自衛隊法の改正（存立危機事態において、自衛隊が武力の行使をすることができることを措置）等を内容とする関連法律の一括改正法案、（2）国連の総会又は安保理決議の下に活動する外国軍隊等に対する日本の協力支援活動等を規定する国際平和支援法案（新法）からなる安全保障関連法案を国会に提出した。

他の国の憲法は？

アメリカ合衆国憲法第1条第8節
①連邦議会は、次に掲げる諸権限を有する。（以下略）
⑪戦争を宣言し、捕獲免許状を付与し、陸上および海上における捕獲に関する規則を定めること。
⑫軍隊を徴募し、これに財政的措置を講ずること。（以下略）

同第2条第2節①
　大統領は、合衆国の陸海軍および現に招集されて合衆国の軍務に服している各州の民兵の総指揮官である。（以下略）

▶15　イラク支援特別措置法等（36ページ）では、自衛隊の活動地域を、非戦闘地域（自衛隊の活動期間中に戦闘が行われることがないと見込まれる地域）に限定していた。これは、武力行使との一体化（37ページ）を回避するためのものである。国際平和支援法案では、自衛隊の活動地域の要件を「現に戦闘が行われていない地域」へと変更し、活動範囲を拡大するものとなっている。

アメリカ合衆国憲法は、『新解説世界憲法集』（初宿正典、辻村みよ子著　三省堂）p.76～77、79より

改めて知る

立憲主義とは何か
日本国民のための日本国憲法

第4編

基本的人権

　合衆国憲法修正1条の国教樹立禁止の目的は次の点にある。政府と宗教が一体化すると政府は破壊され，宗教は堕落する傾向があるということ，もうひとつは，政府公認の宗教と，宗教上の迫害は表裏一体であるということだ（ヒューゴ・L・ブラック判事）。

　信仰心の厚い国，アメリカ。その地において，最高裁判所は，当然の宗教的慣行として行われてきた公立学校における祈りの時間を憲法に反すると結論づけた。個人の自由を徹底的に守ろうとしたのだ。これに対し，ケネディ大統領は，記者会見で述べた。「簡単な解決方法がある。各家庭で祈ればよいのだ」と。

第4編　第1講　基本的人権総論

第11条〔基本的人権の享有〕
　国民は，すべての基本的人権の享有を妨げられない。この憲法が国民に保障する基本的人権は，侵すことのできない永久の権利として，現在及び将来の国民に与へられる。

第12条〔自由・権利の保持，濫用の禁止等〕
　この憲法が国民に保障する自由及び権利は、国民の不断の努力によつて、これを保持しなければならない。又、国民は、これを濫用してはならないのであつて、常に公共の福祉のためにこれを利用する責任を負ふ。

1 条文の基本的意味

　11条は基本的人権全般の保障とその永久性を定め，12条は基本的人権の濫用を禁止し，人権の制約原理として公共の福祉を定めている。

　11条では，基本的人権の保障が国民に限定されるのかどうか（外国人はどうかなど），12条では，基本的人権の制約の根拠・範囲が問題となる。

CHECK
▶1 本編第2講（47ページ）を参照。

2 人権の分類

　基本的人権は，次のように分類して考えることが有益である。

【幸福追求権（包括的権利）】

　プライバシー権など，憲法の条文に明記された権利以外の新しい人権が必要となった場合に，これに憲法上の根拠を与えるための包括的な人権規定である。

第 1 講　基本的人権総論

【平等権】

　社会の変革は，不合理な差別の解消により推進されることが多い。その意味で，平等権は，基本的人権の 1 つであるとともに，法秩序の基本原則と位置づけられる。

> 人権カタログをチェック！

> ☑ 法の下の平等，選挙に関する平等，婚姻及び家族生活における両性の平等

【自由権（国家からの自由）】

　自由権とは，国家からの干渉を排除し，自由に意思決定・活動することを保障する権利で，人権宣言の先駆となったヴァージニア権利章典（The Virginia Bill of Rights 1776）にすでに規定されていた古典的な人権である。

　例えば，同章典 12 条には「言論出版の自由は，自由の有力なる防塞の 1 つであって，これを制限するものは，専制的政府といわなければならない」，16 条には「すべて人は良心の命ずるところにしたがって，自由に宗教を信仰する平等の権利を有する」と規定されている。その後の立憲主義的憲法（国家権力を制限し，国民の基本的人権を守ろうとする憲法）に継承されてきた人権のカタログである。

▶2　ヴァージニア権利章典の起草者の 1 人，ジョージ・メイソンの肖像。

> 人権カタログをチェック！

> ☑ 精神活動の自由
> 　内面的な精神活動の自由（思想の自由，信仰の自由，学問の自由）
> 　外面的な精神活動の自由（宗教的行為の自由，表現の自由等）
> ☑ 経済活動の自由（職業選択の自由，財産権）
> ☑ 人身の自由（適正手続の保障，奴隷的拘束の禁止，被疑者・被告人の権利等）

【社会権（国家による自由）】

　資本主義の発展にともない生じた失業や貧困等に対し，福祉国家（国家は，人々の生活を守るため，積極的に経済活動に介入していくべきであるという考え方）の理念に基づき，**社会的経済的弱者を保護し，実質的平等を図るために，国家の積極的役割を求**

める権利が規定されるようになった。これが**社会権**である。

　ロシアでマルクス主義に基づく社会主義革命（1917年11月）が成功したことは，西欧の憲法にも影響を与えた。この時期に成立したドイツのワイマール憲法（Weimarer Verfassung, 1919年）は，財産権を制限し，社会権を保障する規定を取り入れた。同憲法151条(1)は，「経済生活の秩序は，すべての者に人間たるに値する生活を保障する目的をもつ正義の原則に適合しなければならない。この限界内で，個人の経済的自由は，確保されなければならない」とし，163条(2)は，「各ドイツ人に，経済的労働によってその生計をうる可能性があたえられるべきである。かれに適当な労働の機会があたえられないかぎり，その必要な生計について配慮される」と規定された。

　自由権が直ちに裁判で使うことができる武器であるのに対し，社会権は規定自体が抽象的であるため，法律によって具体的制度を定める必要がある。

> 人権カタログをチェック！

☑ 生存権，教育を受ける権利，労働基本権

【参政権（国家への自由）】

　選挙などによって，国や自治体の**政治に参加する権利**である。民主主義の運営のためには不可欠の権利である。

> 人権カタログをチェック！

☑ 選挙権，被選挙権，憲法改正国民投票，最高裁判所裁判官国民審査

【国務請求権（受益権）】

　国に対し，裁判による紛争解決その他の一定の役務の提供を求める請求権である。基本的人権を確保するための人権である。

> 人権カタログをチェック！

☑ 裁判を受ける権利，国家賠償及び補償請求権，請願権

❸ 基本的人権の制約原理としての公共の福祉

　基本的人権の保障といっても，無制約ではない。12条で，国民は基本的人権を「公共の福祉のためにこれを利用する責任を負ふ」と規定し，13条で国民の権利は，公共の福祉に反しない限り，立法その他の国政のうえで，最大の尊重を必要とするとし，さらに経済的自由（22条，29条）については，公共の福祉による制約を別途，規定している。このように基本的人権の制約原理として憲法に規定された公共の福祉の法的意味が問題となる。

　この基本的人権と公共の福祉の関係について，人権を制限する「公共の福祉」とは，国家や社会に何らかの固有の利益が存在していて，人権を外部から制約する原理として作用するようなものではない。各人が無制約に自由を行使した場合に生ずる矛盾・衝突を避けるための調整項目であって，人権に内在する制約原理ということができる。

　例えば，週刊誌その他のマスコミの記事によって人の名誉やプライバシーが侵害される場合のように，表現の自由（76ページ以降）と人の名誉権やプライバシーの権利は衝突矛盾することがある。また，信教の自由についていえば，他人から輸血を受けることを拒否する規律を有する宗派の信者が，その子が大手術を受けようというとき，それに必要な輸血を受けさせないというようなことを許してよいのかといった，親の信教の自由と，子の生命・身体とが衝突することがある。

　憲法が規定する公共の福祉とは，このような**人権どうしの矛盾衝突を調整するための人権の制限がありうることを示したもの**ということができる。このような具体的な人の権利ということができない，国の理念・社会秩序であるとか，国民感情・ある制度に対する国民の信頼の維持といった抽象的なものを理由として人権を制限しようという場合には，その正当性を注意深く吟味する必要があるのだ。

　さて，ここで実際に上記の調整の取り方をどうするかについて，

CHECK

▶3　上記の経済的自由（22条，29条）に別途，つけられた「公共の福祉」は，福祉国家の理念に基づき，人の生活を守るための踏み込んだ経済的自由への規制がありうることを示している。

「二重の基準論」という考え方が提唱されている。これは，表現の自由などの精神的自由を制約する制度（法律や条例）については，経済的自由を制約する制度よりも，憲法適合性を厳格に判断すべきとする考え方である。

この考え方の下では，**精神的自由に対する制約は，非常に狭い範囲でしか認められない**。それは，例えば精神的自由の1つである表現の自由（言論の自由）が確保されていれば，たとえ経済活動に対する過剰な統制がされていても，言論の自由市場の下でこれを是正すべきとの声があがり，制度の改正が実現すると考えられるのに対し，言論活動が統制されれば，この是正回路が閉ざされ，言論統制が永続する危険があるからである。この考え方をめぐる論争もあるが，裁判所も，二重の基準論の考え方を採用しており，現時点で，支配的な考え方ということができる。

4 基本的人権の私人間適用

基本的人権の保障は，自由に対する国家権力による干渉を拒否することを内容とするものである。**人権規定は，公権力を縛る規範として誕生した**のである。そして，国家が人権を侵害するようになったら，国民はそのような国家を倒す権利もあるものと考えられた（これを「抵抗権」と称する）。

これに対し，公権力以外の私人は相互に対等の地位にあるから，私的自治（私人間の法律関係は，自由な意思に基づき自律的に取り結ぶことができるという考え方）に任せておけばよいという考え方がとられた。しかし，資本主義の進展にともない，企業，労働組合，マス・メディアなど，国家に類似するほどの巨大な力をもった私的団体が生まれ，不当な差別，プライバシーの侵害に対し，個人が対等な立場で交渉し，解決するというのは現実的でないものとなった。そこで，このような社会的権力による人権侵害から一般の人々を保護するため，憲法の人権規定を私人間でも適用すべきではないかという主張がされるようになった。

> **用語**
> ▶4 私人
> 国，自治体，公共団体以外の社会に在る人々，会社，団体のこと。

しかし，私人に対し，人権規定を直接に適用するならば，私的自治に対する過剰な干渉となる可能性もある。例えば，日本相撲協会は女性が土俵に立ち入ることを認めないが，人権規定を直接適用するならば，性別による差別（59ページを参照）として許されないことになる。人権規定を私人間に直接に適用すると，基本的人権の押しつけ合いが生ずる心配もある。そのため，人権規定の直接適用には，慎重な意見が強い。

そこで，民法（私人間の生活関係や法律関係を規律する基本的な法律）の一般条項に憲法の趣旨を取り込んで解釈することで，間接的に私人間の行為・関係に人権規範を及ぼすという考え方（間接適用説）が通説・判例となっている。▶5

一般条項とは，民法90条（「公の秩序又は善良な風俗に反する法律行為は無効とする」）のような抽象的な要件を定めた，その意味において解釈の幅の広い条文のことである。この「公序良俗」の内容として，例えば，人権規定が定める平等原則という価値も含まれると解釈すれば，私人間においても，不合理な差別を定める契約は無効であるという結論が導かれる。ただし，国家・私人間の関係と異なり，私人相互間では，当事者のそれぞれの個別事情をも考えて，相対的に考えることとなるのである。

5 人権の私人間適用をめぐる事件

人権の私人間適用が問題となった事件として，三菱樹脂事件がある。大学卒業後，三菱樹脂株式会社に採用された者が，入社試験の際，在学中の学生運動の履歴に関し虚偽の申告をしたことを理由として，試用期間の経過後に本採用を拒否されたため，訴訟となった。この裁判では，人権の私人間適用の可否とともに，民間企業が入社試験の際，入社希望者に対し思想信条について質問することが19条（思想信条の自由）に違反しないか問われた。

最高裁判所（昭和48〔1973〕年12月12日）は，憲法の人権規定は，公権力の統治行動に対して個人の基本的な自由と平等

> **用語**
>
> ▶5 通説・判例
> 憲法の領域において，「通説」とは憲法学者の支配的な見解として固まっているものをいい，「判例」とは，裁判所（特に最高裁判所）が個別の事件を判断するうえで示した憲法の条文の解釈のことである。
>
> ▶6 公序良俗
> 「公序（公の秩序）」とは，国家社会の一般的な利益，「良俗（善良な風俗）」とは，社会の一般的道徳・倫理観念のこと。

を保障する目的に出たもので，国又は公共団体と個人との関係を規律するものであり，私人相互の関係を直接規律することを予定するものではないとした。そのうえで，私的支配関係において，個人の基本的な自由や平等に対する具体的な侵害又はそのおそれがあり，その内容・方法，程度が社会的に許容しうる限度を超えるときは，私的自治に対する一般的制限規定である民法1条，90条や不法行為に関する諸規定等の適切な運用で解決できると述べて，間接適用説の立場に立つことを示した。

そして，具体的な事案の解決としては，企業は，財産権の行使，営業の自由の行使として，採用の自由を有し，特定の思想，信条を有する者の採用を拒否しても違法ではないこと，したがって，企業が，労働者の採否決定にあたり，労働者の思想信条を調査し，関連事項についての申告を求めることは違法ではないとしたのである。 ▶7

▶7 この事件はその後，和解という形で終了し，復職が実現した。

他の国の憲法は？

ヴァージニア権利章典(1)

すべて人は生来等しく自由かつ独立しており，一定の生来の権利を有するものである。これらの権利は人民が社会を組織するに当り，いかなる契約によっても，人民の子孫からこれを（あらかじめ）奪うことのできないものである。かかる権利とは，すなわち財産を取得所有し，幸福と安寧とを追求獲得する手段を伴って，生命と自由とを享受する権利である。

フランス人権宣言第3条

自由は，他人を害しないすべてをなし得ることに存する。その結果各人の自然権の行使は，社会の他の構成員にこれらの同種の権利の享有を確保すること以外の限界をもたない。これらの限界は，法によってのみ，規定することができる。

➡「公共の福祉」の意味の1つの考え方ということができる（公共の福祉による制限は，基本的人権に内在するものであるという考え方である）。

第4編 第2講 外国人の人権

> 第3章　国民の権利及び義務
> 第10条〔日本国民の要件〕
> 　日本国民たる要件は，法律でこれを定める。
> 第11条〔基本的人権の享有〕
> 　国民は，すべての基本的人権の享有を妨げられない。この憲法が国民に保障する基本的人権は，侵すことのできない永久の権利として，現在及び将来の国民に与へられる。

1 外国人に基本的人権の保障が及ぶか

　日本国民の要件，すなわち日本の国籍の取得・喪失の要件は，法律で定めるとする10条に基づき，国籍法が制定されている。

　基本的人権に関する憲法第3章の章名は「国民の権利及び義務」と規定され，11条をはじめとして同章の多くの規定の書きぶりは「国民」（つまり日本人）に基本的人権を保障するものである。

　しかし，基本的人権は，人の生来的な権利であって，前国家的性質を有することから，**外国人にも権利の性質上適用可能な人権規定はすべて及ぶ**と考えられている（この考え方を「**性質説**」という）。
▶1　　　　　　　　　　　　　　　　　　　　　▶2　　　　　　▶3

2 外国人に保障されない基本的人権

(1) 参政権について

　参政権は，国民が自国の政治に参加する権利であるから，権利の性質上，**外国人には保障されない**。では立法政策として，法律をもって外国人に参政権を付与することはできないか。この点，憲法は国民主権を採用するのであるから「**国政**」選挙については**許されない**と考えるべきであろう。

　しかし，「**地方**」選挙については，国民と同様に地域に密着し

用語

▶1 前国家的性質
基本的人権は，国家を前提とせず，人間であるということだけで，自然状態において認められるという性質のこと。

CHECK

▶2 憲法が条約・確立した国際法規の遵守を定めるところ（98条2項），国際人権規約等が国籍による差別を禁止することも，外国人に基本的人権の保障が及ぶと考える根拠となる。

▶3 性質説について明文規定はない。学説や裁判所の考え方として，一般に承認されているものである。

47

第4編　基本的人権

て生活し，その地域社会の構成員というべき外国人（永住外国人等）に対しては，立法政策として，その選挙権を付与することが可能であるとの考え方がある。
▶4

(2) 入国の自由について

22条1項は，**日本国内における居住・移転の自由**を保障する
▶5
にとどまるもので，**外国人が入国する自由を保障したものではない**。国際法上も，外国人を入国させるかどうかは国家の自由裁量であるとされている。そして，入国の自由がない以上，いったん入国した後における**在留の権利も憲法上保障されていない**というのが裁判所の考え方である（後掲判例参照）。

(3) 社会権について

生存権その他の社会権は，各人の本国によって保障されるべき権利であるから，**憲法上，外国人には保障されない**。しかし，日
▶6
本は，社会権についての内外人平等取扱いの原則を定める国際人権規約の批准及び難民の地位に関する条約の批准を踏まえ，社会
▶7
保障関係法令の国籍要件が撤廃されたため，**立法政策として，外国人に対し，社会権の保障が及ぶ**こととなった。
▶8

❸ 外国人にも保障される権利

以上の権利と異なり，**自由権，平等権，受益権（国務請求権）**
▶9
は，**外国人にも保障される**。しかし，外国人は，政治活動の自由
▶10
を一定程度制約されてもやむを得ない。**外国人には参政権が保障されず**，国政に重要な影響を及ぼす行為や団体の組織を禁止することは許される。実際に，政治資金規正法において，外国人は政治活動に関する寄付をすることができないとされている。

では，デモや集会への参加はどうであろうか。これが問題となったのが，次に紹介するマクリーン事件である。

CHECK

▶4　最高裁判所も判決中でその旨を表明したことがある（平成7〔1995〕年2月28日）。また，北欧諸国等では，外国人に地方選挙の選挙権を付与する例がある。他方，地方政治も国政と関連するので，外国人に選挙権を付与することは憲法違反であるとの考え方もある。

▶5　93ページを参照。

用　語

▶6　社会権
社会的・経済的弱者が人間らしい生活を送れるよう国家の積極的な介入を求めることができる権利。

▶7　批准
条約に拘束されることを国家が最終的に決定する手続。

CHECK

▶8　ただし，生活保護については，法律上の受給権は国民に限定され，永住資格を有する外国人について，行政上の措置として，同様の給付がされる建前がとられている。

48

4 外国人の人権をめぐる事件

アメリカ国籍の宣教師マクリーンが、在留期間を1年として上陸許可を受けて入国し、その後、在留期間の更新を申請したところ、当時の法務大臣が、在留中の無断転職と政治活動を理由として、在留期間の更新を認めないとする処分をした。

> ■在留期間
> 外国人は、日本において行うことができる活動ごとに在留期間が定められている。その在留期間の更新が認められないと、退去しなければならない。在留期間を更新するかどうかは、法務大臣の裁量判断であるとされている。

この処分の取消しを求めた訴訟において、最高裁判所（昭和53〔1978〕年10月4日）は、外国人の人権について性質説を表明しつつ、外国人の在留は憲法上保障されたものでないから、その基本的人権の保障は在留制度の枠内で与えられているに過ぎないとした。

そして、デモや集会への参加について、憲法上外国人に保障された人権であることを前提としつつ、デモや集会に参加した事実が、在留期間の更新の際に法務大臣が更新を認めない方向の事情として斟酌されないことまでの保障が与えられているわけではないとした。

他の国の憲法は？
経済的、社会的及び文化的権利に関する国際規約（A規約）第2条第2項

> この規約の締約国は、この規約に規定する権利が人種、皮膚の色、性、言語、宗教、政治的意見その他の意見、国民的若しくは社会的出身、財産、出生又は他の地位によるいかなる差別もなしに行使されることを保障することを約束する。

用語

▶9 受益権
国民が国家に対し、行為や給付を要求する権利。113ページを参照。

CHECK

▶10 政治活動の自由は、自由権である表現の自由（21条）に属するものである。

用語

▶11 斟酌
相手方の事情や心情をくみとること。

CHECK

▶12 このような考え方の下では、在留期間の更新をしたいと考える外国人は、日本政府を批判するような目立ったデモ・集会活動を控えることとなろう。事実上、限定された人権保障といわざるを得ない。

第2講 外国人の人権

49

第4編 第3講 幸福追求権

> **第13条〔個人の尊重，幸福追求権等〕**
> すべて国民は，個人として尊重される。生命，自由及び幸福追求に対する国民の権利については，公共の福祉に反しない限り，立法その他の国政の上で，最大の尊重を必要とする。

1 条文の基本的意味

本条は，**前段ですべて国民は個人として尊重される**という基本原理を定めるとともに，**後段で「生命，自由及び幸福追求」に対する権利の尊重**について定めている。

この後段を「**幸福追求権**」という。幸福追求権は，単に，人権保障の重要性をうたう理念的な規定ではなく，社会の変化にともない，憲法の他の条文に明記された権利以外の新しい人権が必要となった場合，これに憲法上の根拠を与えるための包括的な人権規定であると解されている。幸福追求権それ自体は裁判上の救済を受けるような具体的権利ではないが，幸福追求権に基礎づけられて承認された個々の人権（新しい人権）は，裁判上の救済を受けることができる具体的な権利である。

では，いかなるものが「新しい権利」の地位を取得するのか。幸福追求権は，前段の個人尊重の基本原理を受けたものである。したがって，幸福追求権から導かれる新しい人権は，**個人が尊厳をもって生存するのに不可欠な利益を内容とする権利**に限られるというべきである。これを「**人格的利益説**」という。

CHECK

▶1 「散歩の自由」，「喫煙の自由」，「バイク運転の自由」などの生活領域全般での行為の自由を幸福追求権から導こうという考え方も提唱されている。しかし，人権の考え方が希薄になってしまい，適当ではない。

13条後段（幸福追求権）＝新しい人権の母胎 ──根拠づけ→ 社会変化にともない必要となった「新しい人権」の誕生 肖像権，プライバシー権，自己決定権等

すでに規定されている人権＝憲法制定時に定着し，重要と考えられていた人権（平等権，信教の自由，表現の自由等）

第3講　幸福追求権

❷ プライバシー権

　情報通信技術の進展にともない、通信端末の利用、ネットを利用した商品・役務の購入等、私たちの暮らしは非常に便利なものとなった。

　しかし、大量の個人情報の集積、データマッチング等によって、個人の日常の購買歴、趣味嗜好、行動範囲等の私生活が丸裸にされるという不安が生じている。また、犯罪予防やテロ対策のための監視カメラ等が街中に設置され、犯罪捜査にも役立っているが、犯罪と関係のない一般の人々の日常の行動をも同時に切り取り、記録されるため、私生活を監視されているという心配もある。

　このような情報社会の進展にともない、私生活上の自由が脅かされるという不安が増大している。そこで、近年、強くその必要性が認識されているのが、**プライバシー権**の考え方である。

　この点について、最高裁判所（昭和44〔1969〕年12月24日）は、デモ行進に際し、警察官が公安条例違反の捜査のため、デモ隊を写真撮影したことの適法性が争われた「京都府学連事件」について、「憲法13条は、…国民の私生活上の自由が、警察権等の国家権力の行使に対しても保護されるべきことを規定している…。そして、個人の私生活上の自由の一つとして、何人も、その承諾なしに、みだりにその容貌・姿態を撮影されない自由を有するものというべきである。これを肖像権と称するかどうかは別として、少なくとも、警察官が、正当な理由もないのに、個人の容貌・姿態を撮影することは、憲法13条の趣旨に反し、許されない…」とした（ただし、当の事件の結論としては、犯罪の捜査のために認められる正当な職権行使であるとした）。

　その後、住民基本台帳ネットワークシステム（自治体が他の自治体との間で、住民の個人識別番号である住民票コード及び氏名、生年月日等の本人確認情報をネットワーク上でやり取りするシステム）がプライバシー権を侵害するとして訴えられた事件（いわゆる「住基訴訟」）について、最高裁判所（平成20〔2008〕年3月6日）は、13条は、国民の私生活上の自由が公権力の行使

> **CHECK**
>
> ▶2　監視カメラのもつこのような問題点に対処するため、東京都杉並区は、「杉並区防犯カメラの設置及び利用に関する条例」を制定し、2004年から実施している
>
> ▶3　公安条例については、90ページを参照。

51

に対しても保護されるべきことを規定しているものであり，個人の私生活上の自由の1つとして，何人も，個人に関する情報をみだりに第三者に開示又は公表されない自由を有するとした。ただし，個人情報の漏えいや濫用に対する対処（データマッチング等をした公務員に対する懲戒制度，罰則）が講ぜられているなどの理由から，住基ネットにより本人確認情報が管理，利用等されることによって，自己のプライバシーに関わる情報の取扱いについて自己決定する権利ないし利益が違法に侵害されたとする主張には理由がないと結論づけた。

■個人情報の保護

プライバシー権は，もともとは公権力が個人の私的領域に無断で干渉することを拒否するものであるが，高度情報社会の進展とともに，大量の個人情報の集積，データマッチング，誤った情報の保存・利用による不利益，個人情報の無断流用・売買等，個人情報の利活用への不安が生じ，自己に関する個人情報は自分自身でコントロールすることができることを保障するための制度が必要であるという考え方が提唱されるようになった（個人情報コントロール権）。

この考え方が広く受け入れられているわけではないが，現在，行政との関係では「行政機関の保有する個人情報の保護に関する法律」が，民間事業者との関係では「個人情報の保護に関する法律」が施行され，個人情報の開示請求権，利用停止請求権，訂正請求権等が規定されている。また，各自治体で，個人情報保護条例が定められている。

CHECK
▶4 個人情報コントロール権を認めた場合，ある人物に関する記事を発表することについて，その人物の承諾が必要となるという理屈も出てこよう。そうすると，表現の自由との衝突が生じる。

❸ 自己決定権

自己決定権とは，人はいずれ死すべきものであり，その死に至るまでの**人生の在り方（ライフスタイル）は自ら決定することが許され，公権力はこれを侵害してはならない**という考え方である。

人生の中で重要な意味を有するものとして，(だれと) 結婚するか・しないか，子どもをもつかどうかなどの家族関係の形成の問題や，どのような死に方を選択するかなどをあげることができる。そして，自己決定権が主として議論されるのは，これらの領域においてである。24条1項では両性の合意のみに基づく婚姻の自由を保障するが，自己決定権の考え方の下，同性婚を認めるべきではないかが論ぜられる。アメリカ合衆国では，2015年6月26日，連邦最高裁判所が各州は修正第14条（平等条項・適正手続条項）の下，同性婚を許可し，州外で適法に成立した同性婚を法律婚と認めることが義務づけられるとする旨の判決を出し，事実上，すべての州で同性婚が適法となった。

「同性婚」条例が成立　渋谷区、全国初　夏にも証明書発行
2015/4/1 付 情報元 日本経済新聞朝刊（共同通信配信）

　同性カップルを結婚に相当する関係と認め、「パートナー」として証明書を発行する東京都渋谷区の条例が31日の区議会本会議で、賛成多数で可決、成立した。4月1日施行。同様の条例は全国に例がなく、性的少数者の権利を保障する動きとして注目されている。

　証明書発行の時期などは今後、区の規則で定める。区は早ければ夏ごろの開始を目指しているが、桑原敏武区長が今期で引退するため、事実上の運用は4月の区長選で当選する新区長の下で進められる。

　採決では、出席総数31人のうち自民党と無所属の一部計10人が反対。採決に先立ち、自民党区議は「十分時間をかけて議論し、結論を導くことが肝要だ」と述べた。

　区は条例施行後、専門家らからなる「男女平等・多様性社会推進会議」を設置。区民や事業者に内容を説明し、協力を求めていく。　条例は男女平等や多様性の尊重をうたった上で「パートナーシップ証明書」を発行する条項を明記。不動産業者や病院に、証明書を持つ同性カップルを夫婦と同等に扱うよう求めるほか、家族向け区営住宅にも入居できるようにする。条例の趣旨に反する行為があり、是正勧告などに従わない場合は事業者名を公表する規定も盛り込んだ。

　証明書の対象者は区内に住む20歳以上の同性カップルで、互いに後見人となる公正証書を作成していることなどが条件。カップル解消の場合は取り消す仕組みもつくる。証明書に法的な効力はなく、区側は「憲法が定める婚姻とはまったく別の制度」としている。

また，子どもをもつかどうかに関し，胎児の生命保護という観点から規制は必要であるとしても，それを超えて妊娠中絶を規制することは自己決定権を害しないかが論じられ，アメリカでは，1973年，連邦裁判所が中絶を禁止する州の法律を憲法が保障するプライバシーの権利を侵害するものとして無効とした。

> **CHECK**
> ▶5 アメリカの憲法にはプライバシーの保障に関する規定は存在しないのであるが，裁判所は，憲法に規定されたデュー・プロセス条項（適正手続の保障）を解釈して，プライバシーの保障を読み込んだものであった。

■エホバの証人輸血拒否事件

「エホバの証人」という他人から輸血を受けてはならないという規律をもつ宗派の信者が病院で肝臓がんの摘出手術を受けるに際し，医師に無輸血での手術を依頼したが，医師は，輸血が必要になる場合もあると考え輸血の準備をしていたものの，これを告げると患者が手術を避けるかもしれないと考えて，患者に説明をしなかった。術中に，予想を上回る出血があったため，輸血をして，手術を成功させたが，その後，輸血の事実を知った患者が病院や医師に損害賠償（慰謝料）を請求したという事件である。

これに対し東京高等裁判所は，病院は，患者の自己決定権を侵害したとして，慰謝料の支払を命令したところ，これを不服として上告がされ，最高裁判所にもち上がった。

最高裁判所（平成12〔2000〕年2月29日）は，患者が輸血を受けることは自己の宗教の信念に反するとして，輸血をともなう医療行為を拒否するとの明確な意思を有している場合，このような意思決定をする権利は，人格権の一内容として尊重されなければならないとしたうえで，病院は，患者が手術を受けるか否かについて意思決定をする権利を奪ったもので，不法行為が成立するとした。

最高裁判所の判断は，原審の自己決定権という考え方まで踏み込むことをせず，宗教的信念に基づく輸血拒否をする意思決定の権利を人格権として容認するという考え方に
▶6

> **用語**
> ▶6 人格権
> 個人が尊厳をもって生存するのに不可欠な，その個人と分離することができない人格的諸権利の総称。自由，名誉，プライヴァシー，身体など。民法（45ページ参照）に関する判例・学説で既に定着している考え方である。

とどめたものであった。

　上記のように，最高裁判所は，現時点で，自己決定権を認めるものとなっていない。婚姻するかどうか，子どもをもつかどうか，どのように死ぬかの選択など，この考え方の中核的部分は明らかであるものの，従前，男子生徒に対する丸刈りの強制は自己決定権の侵害であるなどとして，裁判で争われてきたなど，自己決定の広がり部分が明らかでないことや，自己決定権を承認した場合に生ずる影響も懸念されることによると考えられる。

　例えば，自己決定権を基本的人権として位置づけた場合には，医師による安楽死を合法化するという議論にもつながることも予測される。

■オランダの安楽死制度
　オランダでは，疾病による絶望的な疼痛がある場合に，患者が真摯に希望するときは，医師が他の医師に相談したうえで，患者に安楽死を施すことができるという法律が存在する。ベルギーその他の国にも同様の制度がある。

他の国の憲法は？
スイス連邦憲法第13条
①すべての人は，私生活および家族生活，住居，郵便および通信におけるプライバシーの権利を有する。
②すべての人は，個人データが誤って利用されないよう保護される権利を有する。
➡ 1999年に全面改正されたスイス連邦憲法は，最も現代的な内容をもつ憲法となっている。

スイス連邦憲法は，『新解説世界憲法集』（初宿正典，辻村みよ子著　三省堂）p.293より

第 4 編　第 4 講　法の下の平等

> **第 14 条〔法の下の平等〕**
> 1　すべて国民は，法の下に平等であつて，人種，信条，性別，社会的身分又は門地により，政治的，経済的又は社会的関係において，差別されない。
> 2　華族その他の貴族の制度は，これを認めない。
> 3　栄誉，勲章その他の栄典の授与は，いかなる特権も伴はない。栄典の授与は，現にこれを有し，又は将来これを受ける者の一代に限り，その効力を有する。
>
> **第 15 条第 3 項〔普通選挙〕**
> 3　公務員の選挙については，成年者による普通選挙を保障する。
>
> **第 44 条〔議員と選挙人の資格〕**
> 両議院の議員及びその選挙人の資格は，法律でこれを定める。但し，人種，信条，性別，社会的身分，門地，教育，財産又は収入によつて差別してはならない。

1 条文の基本的意味

　14 条 1 項は，法の下の平等の基本原則を定め，同条 2 項及び 3 項では貴族制度の廃止と，特権をともない又は世襲の栄典の授与の禁止を規定し，15 条 3 項（普通選挙制）及び 44 条では選挙に関する平等を，次講の 24 条では，婚姻及び家族生活における両性の平等を規定する。日本国憲法は，近代の立憲的意味の憲法のほぼすべてが規定する平等権を徹底的に保障する。以下この講では，14 条 1 項を中心に法の下の平等についてみることとする。

　日本国憲法が定める法の下の平等とは，法の内容（立法）の平等と法の適用の平等の両方を含むものである。すなわち，行政や司法における法の適用だけでなく，適用されるべき法の内容その

▶1　8 ページを参照。

ものも平等の原則において定められるべきことを要する。この考え方を立法者拘束説という。後ほど「5　平等をめぐる事件」でみるように，数個の法律が最高裁判所において平等原則に反し無効とされてきた。

　次に，この「平等」は，すべての人をその違いを度外視して一律に扱うべきこと（形式的・機械的平等）を意味するものではない。同一の事情と条件の下では均等に取り扱うべきこと（相対的平等）を求めるものである。したがって，合理的な差別は許容されるのである。

　例えば，所得額に応じ累進的に課税する制度は，所得の再分配のために必要な合理的な差別であるし，女性労働者や年少者に限り深夜業を規制することは生理的な差異に基づく合理的なものとして許容される。

2 平等の観念の確立と変遷

　近代立憲主義憲法が求める平等は，もともとは封建的身分制（生まれながらにして特定の身分に縛られるという社会の仕組み）からの解放である。人は生まれながらに平等な機会が与えられ（機会の平等），自由な活動が許されることの保障を重視した。個人の能力の違いにかかわらず，生活の格差を生じないようにする「結果の平等」は，自由な活動を損なうと考えられたのである。

　しかし，資本主義の進展にともない，貧富の格差，結果の不平等が拡大した。そこで，人生や職業生活の出発点で現実に直面する生来の貧富の差や社会的差別等をできるだけ解消し，機会の平等を実質的なものとし，又は社会的経済的弱者により厚い保護を与えるべきだという考え方が生じた。これを「実質的平等」という。

　この考え方の下では，社会的に差別されてきた人々について差別を解消するために優遇する制度（積極的差別解消措置）―逆差別という捉え方もできるが―も，許容されることとなる。

CHECK

▶2 法の「内容」が平等であることと「適用」が平等であることは話が異なる。平等に「適用」されるとしても，そもそも「内容」が不平等であれば意味はない。

用語

▶3　累進課税
高所得者に対し，低所得者よりも高い税率で所得税を支払わせる制度。

CHECK

▶4 歴史的に差別されてきた集団について，差別を撤廃するため，雇用や教育の領域で優遇する措置のこと。ジョンソン大統領時代のアメリカで採用され（1965年～），今日に至る。有名大学の入学における優先枠や入学試験の点数割増しなどが実施されている。

▶5 社会的に差別されて生まれてきた人々を優遇するということは，そうでない者にとっては，逆に差別を受けていることにもなりうる。

第 4 編　基本的人権

❸ 明治憲法下における平等規定及び各種差別

　明治憲法は，「日本臣民ハ法律命令ノ定ムル所ノ資格ニ応シ均ク文武官ニ任セラレ及其ノ他ノ公務ニ就クコトヲ得」（19 条）とのみ定め，公務就任資格の平等を定めるにとどまっていた。

　明治憲法下には，「華族」の制度があった。由緒ある家系に属する者や国に勲功のあった者に栄典として授与される世襲の身分であって，帝国議会の議員への就任等の一定の特権が認められていた。また，明治憲法下において，参政権の否定，家制度の下での妻の行為無能力（妻が一定の重要な法律行為をするには夫の許可を要するとの規定が存在した〔民法 14 条〕），妻の不貞のみを処罰する姦通罪など，女性に対する差別は著しいものがあった。

　日本国憲法の制定にともない，女性差別の廃止のための制度改正が実施された。すなわち，姦通罪（刑法 183 条）の削除，妻の行為無能力の制度の廃止，婦人参政権の導入（1945 年 12 月の衆議院議員選挙法改正）などである。

　さらに，多くの法律の制定や条約で差別の廃止が具体化されてきたことについては，右ページの 4 (3) を参照しよう。

❹ 特に問題となる差別

　14 条 1 項後段では「人種，信条，性別，社会的身分又は門地により…差別されない」と規定している。これらは限定列挙ではなく，前段の平等原則を例示的に規定したもので，これらの列挙事項に該当しないものであっても，不合理な差別は前段の原則によって禁止されているのである。しかし，これらの事由による差別は，人権保障の観点から原則として不合理なものというべきであるから，制度改正や裁判例をとおして，その差別を解消しようという営みが続けられている。

(1) 人種

　人種とは，生物学上のヒトをその身体形質（皮膚の色，毛髪，

用　語

▶6 不貞
　一般的には，婚姻している者が貞操を守らない行為のことを意味する。

目，体型等）に基づいて分類した人類学上の区別である。人種による差別は，アメリカ合衆国の黒人差別問題や，南アフリカ共和国におけるアパルトヘイト（人種隔離）政策等に象徴されるように深刻な問題である。人種は，出生で決定づけられるもので，本人に選択の余地がなく，人種差別は理由のない差別である。同様に，文化概念である民族の違いを理由とする差別もこの禁止に含まれると考えられる。日本において，アイヌ民族，在日韓国・朝鮮人に対し，深刻な差別意識と差別の歴史が存在したこと，及び現在も差別が解消されていないことに留意すべきである。

(2) 信条

宗教上の信仰を意味することはいうまでもないが，さらに広く，個人の基本的なものの見方・考え方を指す概念である。

信条を理由とする差別は，雇用の場で問題となることがある。基本的人権の私人間適用に関する説明（44ページを参照）で，人権規定は私人間には間接的に適用されることを示したが，雇入れ後は採用段階よりも，平等原則が強く求められる。信条による差別は，企業と従業員の間を規律する民法・労働法上も，公序良俗に反するものとなる。企業が，従業員を特定の政党に所属することや特定の宗教を信奉することを理由として解雇すれば，公序良俗に反し，無効となる可能性が高い。

(3) 性別

明治憲法下における性別による差別は，戦後の改革で大幅な改正をみたが，その後も，性別による差別の解消は，労働基準法（男女同一賃金の原則〔4条〕），女子差別撤廃条約（1981年発効，日本の批准は1985年），国籍法の改正（1984年），雇用機会均等法の制定等で推進されてきた。

裁判で画期的なものとなった判決は，日産自動車事件である。日本の企業は，過去において，就業規則に，女性従業員について

CHECK

▶7 南アでは，黒人解放運動に身を投じた者が30年近く投獄されるという事例があった。後のネルソン・マンデラ大統領その人である。なお，アパルトヘイトは，1991年に撤廃された。

CHECK

▶8 改正前は，出生した子が日本国籍を取得するためには父親が日本国籍を有することを要するという父性優先血統主義がとられていたが，同改正により，父母のいずれかが日本国籍を有していれば日本国籍を取得することができると改められた。

結婚・出産にともなう退職制度や若年定年制を設けていた。日産自動車株式会社は，就業規則中に定年年齢を男性60歳，女性55歳とする女性の若年定年制を採用していた。最高裁判所（昭和56〔1981〕年3月24日）は，少なくとも60歳前後までは，男女とも会社の通常の職務であれば職務遂行能力に欠けるところはなく，一律に従業員として不適格とみて企業外へ排除するまでの理由はないとの事実関係の下，会社の企業経営上，定年年齢において女子を差別しなければならない合理的理由が認められず，就業規則中の定年年齢を男子より低く定めた部分は，性別のみによる不合理な差別を定めたものとして，公序良俗（民法90条）に反し，無効であるとした。

(4) 社会的身分・門地

社会的身分とは，人が社会において占める地位であるが，生まれながらの身分をいう。いわゆる部落出身であることは，社会的身分に含まれる。

門地とは，家系・血統等の家柄を指す。明治憲法下の「華族」の制度は，門地による差別である。14条2項により廃止されている。なお，天皇及び皇族は門地に該当するが，憲法が認める例外である。

5 平等をめぐる事件

平等をめぐっては，比較的多くの事件が最高裁判所まで争われ，憲法に反し無効であるとの判決が行われている。

(1) 嫡出子と婚外子の相続分差別

改正前の民法900条4号ただし書前段は，婚姻関係にある男女から出生した子（嫡出子）と父母が婚姻関係にない子（婚外子）の相続分を差別し，後者を前者の半分と規定していた。

この規定が平等規定に反しないか争われた事件で，最高裁判所

CHECK

▶9 夫（子からすると父）が9,000万円の財産を残して他界した場合に，妻，夫が妻との間にもうけた子，婚姻外でもうけた子のそれぞれの法定相続分は，4,500万円，3,000万円，1500万円とされた。この3,000万円と1,500万円の差別が問題とされた。

は当初，相続制度は，立法府が，伝統，社会事情，国民感情等を総合的に考慮したうえで合理的な裁量に基づき定めることができるとしたうえで，上記差別は民法が法律婚主義を採用している以上，法定相続分は婚姻関係にある配偶者とその子を優遇してこれを定めるが，他方，非嫡出子にも一定の法定相続分を認めてその保護を図ったものであるとして，合理的な裁量の範囲内とした（平成7〔1995〕年判決）。

しかし，平成25〔2013〕年9月4日の大法廷判決で，戦後の民法改正時（1947年）から現在に至るまでの間の社会の動向，日本における家族形態の多様化やこれにともなう国民の意識の変化等を総合的に考察すれば，父母が婚姻関係になかったという，子にとっては自ら選択ないし修正する余地のない事柄を理由としてその子に不利益を及ぼすことは許されず，子を個人として尊重し，その権利を保障すべきであるという考えが確立されてきているものということができるとして，立法府の裁量権を考慮しても，平成13〔2001〕年7月当時においては，上記の差別をする相続規定は，14条1項に違反していたものというべきであるとした。この判決を受けて，国会は2013年12月，上記規定を削る民法の改正をした。

CHECK

▶10 この訴訟で争われた相続事件の相続開始時点（財産を遺した人の死亡時点）を指している。

(2) 尊属殺重罰規定

改正前の刑法200条は，尊属殺人罪（わかりやすくいうと，親を殺す犯罪）を死刑又は無期懲役と定め，普通の殺人罪（199条。死刑，無期懲役又は5年〔2004年の法改正前は3年〕以上の有期懲役）に比し，非常に重い処罰を規定していた。

この規定は，親殺しを重く処罰する封建道徳に由来する。最高裁判所は，当初，これを自然的普遍的倫理に基づくもので憲法に違反しないとしていたが，昭和48〔1973〕年4月4日の大法廷判決で法の下の平等に反するとして，判例を変更し，違憲の判断をした。違憲とする理由は分かれた。多数意見は①子の親に対

61

する尊重報恩という自然的情愛・普遍的倫理の維持は刑法の保護に値し，尊属殺を加重処罰することは許容されるが，②前記の法定刑は厳しすぎるもので，合理的でないとした（加重方法違憲説）。これに対し，少数意見は，尊属殺人罪の立法目的である①を問題視し，封建的な家族観念に立脚するものであって，立法目的そのものが憲法上許されないとした（目的違憲説）。

　この判決後，国会は，長期間，尊属殺人罪に関する規定の改正を行わなかった。そこで，検察庁は，実務上，子が親を殺したという事案について，尊属殺人罪の適用を控え，担当検察官は，普通殺人罪で起訴していた。国会は約20年後の1995年に，刑法200条を削る改正をした。

(3) 議員定数不均衡問題

　国政選挙の都度，選挙区ごとの有権者数をその議員定数で除した数（1議席当たりの有権者数），すなわち，有権者の投票価値（一票の重み）に不平等が存在することは違憲であるとして憲法訴訟が提起されている。

　最高裁判所は，1972年に実施された中選挙区制の総選挙（当時は，1つの選挙区の議員定数が3〜5人と定められ，これを中選挙区制と称していた）に関する無効訴訟について，昭和51〔1976〕年4月14日に，憲法14条1項は投票価値の平等を求めるものであるとし，投票価値に最大1：4.99の格差が生じていた定数不均衡を違憲とした。ただし，選挙そのものは無効としない判決であった。

　最高裁判所は，この判決で，国会は，選挙制度について広い立法裁量があるとし，裁量権の行使が合理性を失い，しかもそのような状態に達した時から合理的期間内に国会がこれを是正するための立法措置を講じない場合に違憲とするという判断枠組みを採用し，以後，これを踏襲している。

用語

▶11 尊属
　尊属とは，自分からみて父母や祖父母を指す法律上の用語である。

CHECK

▶12 普通殺人の場合は，刑の減軽をすることで執行猶予の判決をすることができるが，尊属殺人の場合，基本となる刑があまりに重たいために，刑の減軽をしても執行猶予判決をすることができず，被告人にいかに汲むべき事情があっても，実刑判決をするしかなかった。

▶13 これを「事情判決」という。選挙を無効としてしまうと，無効の選挙に基づき選出された国会議員が制定した法律の効力をどうするか等の困難な問題を生ずる。これを回避するための，苦肉の判決である。

▶14 選挙区の区割や選挙区ごとの議員定数は「公職選挙法」という名称の法律に規定されている。選挙無効訴訟は，公職選挙法の該当規定にチャレンジするものである。

一票の格差と最高裁判所判決の一覧表（衆議院）

選挙実施年月日	投票価値の最大較差	判決日	結論
1972年12月10日	4.98倍	1976.4.14	違憲
1980年6月22日	3.94倍	1983.11.7	違憲状態[※1]
1983年12月18日	4.40倍	1985.7.17	違憲
1986年7月6日	2.92倍	1988.10.21	合憲
1990年2月18日	3.18倍	1993.1.20	違憲状態
1993年7月18日	2.82倍	1995.6.8	合憲
1996年10月20日	2.31倍	1999.11.10	合憲
2000年6月25日	2.47倍	2001.12.18	合憲
2005年9月11日	2.17倍	2007.6.13	合憲
2009年8月30日	2.30倍	2011.3.23	違憲状態
2012年12月16日[※2]	2.42倍	2013.11.20	違憲状態

※1 違憲状態とは，投票価値の較差は，平等原則に反する程度に至っていたが，是正のための合理的期間を経過していたといえないから違憲と断定できないと判断されたという趣旨である。
※2 この選挙は，2011年に違憲状態であるとされた選挙区割を改正しないまま実施された異例のものであった。しかし，最高裁判所は，違憲の判断をしなかった。

　参議院は，3年ごとの半数改選制である。したがって，選挙区の議員定数は偶数であることを要するため，較差を調整するための微調整が困難である。
　そこで，最高裁判所は，5倍を超える較差をも合憲としていたが，1992年7月の参議院議員選挙（最大較差6.59倍）を違憲状態としつつ，改正のための合理的期間を経過していないとした（1996年9月11日）。その後，最高裁判所は，最大較差5.00倍で実施された2010年7月の参議院議員選挙について，違憲状態であるとしつつも，違憲とは断じなかった。

> CHECK
> ▶15 議員定数不均衡問題は，人口の都市部への集中によって生じたものである。政党や議員の利害が絡むため，是正への取組みは著しく遅いのが実情である。

第4編　基本的人権

6 ハンセン病患者に対する苛酷な差別

　コレラやエボラ出血熱が発症した場合に、これらの感染症に罹患した患者に限り、一時的に病棟に隔離し、感染の蔓延を抑止することは、患者に対する差別又は法の下の平等に反する措置か。強い感染力のある猛毒の感染症に限り、一時的な隔離をすることは、公衆衛生のための合理的な差別といえよう。

　しかし、日本は、ハンセン病の患者に対する合理性のない苛酷な差別の歴史を有する。ハンセン病の毒性は微弱であり、感染しても発症することは少ない。また、戦前の時点で有効な薬が開発され、治る病気となった。にもかかわらず、日本では戦前から戦後に至るまで離島やへき地の療養所への隔離や子孫を断つための強制的な優生手術が行われ続けた。その根拠であるらい予防法が廃止されたのは、1996年であった。

　厚生大臣のハンセン病政策の策定遂行及び国会議員の立法及び立法不作為についての国家賠償責任を追及するいわゆるハンセン病国家賠償請求訴訟について、2001年5月11日、熊本地裁は、らい予防法や国の政策が憲法13条に根拠を有する人格権を侵害する違憲のものと断じ、請求を認容した（国は控訴を断念、判決が確定した）。

▶16 らい菌によって生ずる慢性の感染症である。顔や手足の皮膚や外形が崩れるなどのため、患者は差別されてきた。

ハンセン病元患者の宿泊拒否に関する新聞記事

第4編 第5講 両性の平等

> **第24条〔家族生活における個人の尊厳，両性の平等〕**
> 1 婚姻は，両性の合意のみに基いて成立し，夫婦が同等の権利を有することを基本として，相互の協力により，維持されなければならない。
> 2 配偶者の選択，財産権，相続，住居の選定，離婚並びに婚姻及び家族に関するその他の事項に関しては，法律は，個人の尊厳と両性の本質的平等に立脚して，制定されなければならない。

1 条文の基本的意味

本条は，婚姻が両性の合意のみに基づいて成立することを規定するとともに，**婚姻・家族・相続に関する法制度が，家族生活における個人の尊厳と両性の本質的平等に立脚して制定されるべき**ことを要請している。

また本条は，旧民法の「家制度」を否定したものである。家制度は，家父長制の原理で構成されていたもので，「家」は戸主と家族（戸主権に服する者）とで構成され，1 つの家として登録された。戸主権は，家族に対する居所指定権，婚姻・養子縁組・分家の同意権等を内容としており，夫婦間には夫権を定め，妻の財産管理上の行為能力を否定した（58 ページ参照）。そこでは家を構成する個々人よりも，全体としての「家」が重視された。

このような家制度を否定するために，「個人の尊厳と両性の本質的平等」を家族・相続制度の設計原理として定めたのである。

2 夫婦別姓問題・待婚期間

(1) 夫婦別姓問題

民法の下では，結婚に際し，男性又は女性のいずれか一方が，必ず氏を改めなければならないという夫婦同姓制が行われている。実際には，男性の氏を選び，女性が氏を改めるのが圧倒的多

CHECK
▶1 1898 年に，夫婦は家を同じくすることにより同じ氏を称することとされた（夫婦同氏制）。

第4編　基本的人権

数だが，女性の社会進出等にともない，氏を改めることによる不利益が指摘されるようになった。この点は，立法課題として夫婦別氏制度が議論されるとともに，裁判で夫婦同氏を定める民法の規定が24条に違反するのではないかが争われている。

(2) 待婚期間の問題

> ■民法733条〔待婚期間〕
> 1　女は，前婚の解消又は取消しの日から6箇月を経過した後でなければ，再婚をすることができない。
> 2　女が前婚の解消又は取消しの前から懐胎していた場合には，その出産の日から，前項の規定を適用しない。

　上記規定を待婚期間という。前婚解消の直後に再婚がされると，民法772条2項（婚姻成立の日から200日後又は婚姻の解消若しくは取消しの日から300日以内に生まれた子は，婚姻中に懐胎したものと推定する）の規定によって，前婚の夫の子であるという推定と，後婚の夫の子であるという推定が重なってしまうので，これを避けるための規定とされる。

　しかし，前婚姻解消後100日の間隔をおけば，重複を避けることができるので，この6か月の待婚期間は合理的といえない。また，男性は前婚解消後直ちに婚姻できるので，この待婚期間の定めは，平等原則を定める14条や，24条に反するという主張がされ，争われている。

▶2　婚姻中に懐胎したと推定される結果，民法772条1項に基づき，夫の子であるとの推定が働く。

他の国の憲法は？
スイス連邦憲法第8条第3項

　男性と女性は，権利において平等である。法律は，法的平等と事実上の平等を，とくに，家庭・教育・労働の分野において配慮する。（以下略）

スイス連邦憲法は，『新解説世界憲法集』（初宿正典，辻村みよ子著　三省堂）p.293 より

第4編 第6講 思想及び良心の自由

第19条〔思想及び良心の自由〕
思想及び良心の自由は，これを侵してはならない。

1 条文の基本的意味

　思想及び良心の自由とは，世界観，人生観，主義，主張その他の人の**内面的な精神活動の自由**を保障したものである。国民がいかなる世界観，主義・主張等を抱いたとしても，**内心の領域にとどまる限り**，国家がこれを禁止し，その表明を強制するなど，干渉することはできないということである。
▶1

2 思想良心の自由をめぐる事件

(1) 謝罪広告強制事件

　労働委員会が不当労働行為をした使用者に対し，ポストノーティス（不当労働行為に対する救済として，一定の内容の文書の掲示を会社に命ずる命令）を命令した。
▶2

　この文書は，深く反省し，不当労働行為を繰り返さないことを誓約するものであったが，このポストノーティスに対して使用者が思想良心の自由に反するとして争ったところ，最高裁判所（平成2〔1990〕年3月6日）は，当該命令は，労働委員会が不当労働行為を認定したことを関係者に周知徹底し，同種行為の再発を抑制しようとする趣旨のものであるとし，「深く反省する」，「誓約する」などの文言は，同種行為を繰り返さない旨の約束文言を強調する意味を有するにすぎず，反省等の意思表明を要求することは，右命令の本旨とするところではないとして，思想良心の自由を侵すものでないとした。
▶3
▶4

CHECK

▶1　GHQによる占領期には，軍国主義や共産主義の思想を有することを理由に公職追放がされた。このような措置は，思想良心の自由を侵害するもので，許されないものである。

用語

▶2　**不当労働行為**
　使用者（従業員を使用する者）が労働者の団結権を侵害する行為。労働者が労働組合を結成したことなどを理由に当該労働者に対して不利益な行為を行うことなどが該当し，労働組合法において禁止されている。

▶3　**文言**
　文章中の語句や言葉のこと。

▶4　**本旨**
　本来の趣旨や目的のこと。

67

(2)「君が代」ピアノ伴奏事件

　教育現場における国旗掲揚及び国歌斉唱について、職務命令を受けた教諭が従わずに懲戒処分を受けることに対して、思想良心の自由を侵害するものであるとして同処分の取消しを求め、裁判になる事例が多い。

■国旗国歌を巡る経緯

1958年　小中学校の学習指導要領において「君が代を斉唱させることが望ましい」と規定

1989年　学習指導要領において「国歌を斉唱するよう指導する」と規定

1999年　国旗国歌法成立

2003年　東京都教育委員会　国旗掲揚・国歌斉唱において起立斉唱しない教員を処分する通達

　市立小学校の校長が、職務命令として音楽専科の教諭に対し、入学式における国歌斉唱の際に「君が代」のピアノ伴奏を行うよう命じたが、教諭がこれを拒否したため戒告処分が行われた。

　当該処分を争った事件で、最高裁判所（平成19〔2007〕年2月27日）は、①職務命令は「君が代」に関する教諭の歴史観・世界観自体を直ちに否定するものとは認められないこと、②入学式の国歌斉唱の際に「君が代」のピアノ伴奏をする行為は、音楽専科の教諭等にとって通常想定され期待されること、また、教諭が特定の思想を有するということを外部に表明するものではないから、職務命令は教諭に対し特定の思想をもつことを強制したりこれを禁止したりするものではないこと、③教諭は地方公務員として法令・職務命令遵守義務を負っていることから、職務命令が思想良心の自由を侵害するものとはいえないとした。

CHECK

▶5　国歌「君が代」や国旗「日の丸」は、戦前・戦中の軍国主義を支えたものであるとして、学校等の現場において国歌斉唱、国旗掲揚に消極的な考えの教諭がいる。

用語

▶6　学習指導要領
　小学校、中学校、高等学校等について、その教育課程の基準として文部科学大臣が公示するものをいう。

▶7　戒告処分
　公務員に対する懲戒処分の1つ。職員の責任を確認し、将来を戒（いまし）めることを言い渡すもの。

CHECK

▶8　端的には、「君が代」の歌詞に対して疑問を有していたとしても、伴奏はできるという理屈である。

(3) 起立斉唱命令事件

　公立高等学校の校長が，教諭に対し，卒業式における国歌斉唱の際に国旗に向かって起立し国歌を斉唱することを命じたが，教諭がこれを拒否したため，同教諭の定年後の再雇用を拒否する処分をした。

　当該処分を争った事件で，最高裁判所（平成23〔2011〕年5月30日）は，起立斉唱行為は，国旗及び国歌に対する敬意の表明の要素を含む行為であり，日の丸・君が代について反対の歴史観・世界観を有する者にこれを強制することは，思想良心の自由に対する間接的制約となることを認めつつ，そのような式典で国歌を起立斉唱することは，慣例上の儀礼的な行為であるから（あえて，判決の趣旨を深読みしていうならば，国際社会においても普遍的に行われる慣例上の儀礼的な行為にとどまるのであるから），これを命じても，現在の法律で国歌とされている「君が代」の価値観あるいは歴史観を教員に押しつけるものでないし，式典の円滑な進行の観点から，本件職務命令には，必要性・合理性があるとして，憲法に反しないとした。

　他方，最高裁判所（平成24〔2012〕年1月16日）は，公立学校の教員が記念式典で国歌斉唱の際に起立斉唱を命ずる旨の校長の職務命令に従わなかったことを理由とする停職処分について，裁量権の範囲を超えるものとして違法であるとした。
▶9

他の国の憲法は？
ドイツ連邦共和国基本法第4条第3項

　何人も，その良心に反して，武器をもってする軍務を強制されてはならない。（以下略）
➡ドイツでは，2011年まで18歳に達した男性に兵役を義務づけていたが，社会福祉施設で活動することで兵役を免除する制度が設けられていた。

用 語

▶9 裁量権
　ここでは行うべき処分の選択について，処分権者に判断の幅があることを前提として，その幅を踏み越えたという趣旨である。

ドイツ連邦共和国基本法は，『新解説世界憲法集』（初宿正典，辻村みよ子著　三省堂）p.174 より

第4編 第7講 信教の自由・政教分離

> **第20条〔信教の自由，政教分離〕**
> 1　信教の自由は，何人に対してもこれを保障する。いかなる宗教団体も，国から特権を受け，又は政治上の権力を行使してはならない。
> 2　何人も，宗教上の行為，祝典，儀式又は行事に参加することを強制されない。
> 3　国及びその機関は，宗教教育その他いかなる宗教的活動もしてはならない。
>
> **第89条〔公の財産の支出利用の制限〕**
> 　公金その他の公の財産は，宗教上の組織若しくは団体の使用，便益若しくは維持のため，又は公の支配に属しない慈善，教育若しくは博愛の事業に対し，これを支出し，又はその利用に供してはならない。

1 条文の基本的意味

　20条1項前段は，信教の自由（宗教の自由）を保障する。
　信教の自由とは，**信仰の自由，宗教的行為の自由及び宗教的結社の自由**である。まず，**信仰の自由**とは，宗教を信仰し，又は信仰しないこと，改宗することについて，個人が自由に決定できることである。これは個人の内心における自由であって，**絶対的に侵害することができない**。次に，**宗教的行為の自由**とは，宗教上の儀式や布教活動を実施し，これに参加し，又はしない自由である。20条2項が宗教上の行為等を強制されない自由を特に定めるのは，明治憲法時代に事実上，国民が神社への参拝を強要されたことの反省に立ったものである。そして，寺院や，宗門，教団などの**宗教的団体を結成する自由が宗教的結社の自由**である。
　もし国が宗教的活動をするならば，国が助長する宗教以外の宗教を信仰する人の信教の自由を間接的に害することとなる。そこで，20条1項後段及び20条3項は，**国の宗教的中立性を定めた（政**

用語

▶1　**結社**
　共通の目的のために組織される継続的な団体，人の集まりのことと考えればよい。

▶2　**助長**
　力を添えて物事の成長や発展を助けること。

第7講　信教の自由・政教分離

教分離)。そして，89条前段は，宗教上の組織・団体への公金の支出を禁止することで，政教分離を財政面から保障した。

2 沿革

中世以後，宗派の対立などから戦争や異端者に対する迫害の歴史を繰り返したヨーロッパにおいては，近代以後，次第に互いに信仰の自由を尊重し合い，国家権力が個人の信仰に干渉しないことが認められるようになった。そして，宗教の自由は，**国家が特定の宗教と結びつくことを禁ずる「政教分離」の原則**をともなうことによって全うされるという考え方に基づき，人権としての信教の自由とともに，その制度的保障としての政教分離が憲法に規定されるに至った。なお，明治憲法においても信教の自由が規定されていた。「日本臣民ハ安寧秩序ヲ妨ケス及臣民タルノ義務ニ背カサルニ限リ於テ信教ノ自由ヲ有ス」(明治憲法28条)である。条文にその限界が示されているうえ，そもそも国の統治原理として神勅天皇制を敷いていたため，皇室の宗教である国家神道が別格のものと扱われた。

3 信教の自由をめぐる事件

世俗的な制度と宗教とが衝突して裁判になった事例として，神戸高専剣道実技拒否事件がある。宗教的信条に反するとして，必修科目である剣道の授業を拒否した公立学校の生徒が，学則に従い留年処分を経て，退学処分を受けたため，当該処分の取消しを求めた。この点，最高裁判所(平成8〔1996〕年3月8日)は，学校の処分について「学生の信仰の自由に対して配慮しない結果となり，原級留置処分の決定も退学処分の選択も社会観念上著しく妥当を欠き，裁量権の範囲を超える違法」なものとして，処分取消しを決定した。

その他にも，各地で自治体と特定の宗教とのかかわりが問題となってきたが，その1つが津地鎮祭事件である。三重県津市が

用語

▶3 **制度的保障**
一定の権利を保障するために，それに関する「制度」の保障を憲法において定め，間接的に人権を保障しようとする理論のこと。政教分離でいえば，国と宗教との関わり合いを禁止することで，間接的に信教の自由を保障しようとしている。

▶4 **臣民**
端的には国民のこと。ただし，「臣民」という場合は君主の従属者(統治対象)という意味をともなう。

▶5 **安寧秩序**
世の中が整った状態で，安定していること。

▶6 **神勅天皇制**
国家の統治権は天照大神に発し，天皇の祖先がその統治権を代々継承してきたものであるとの考え方。

▶7 **原級留置処分**
いわゆる留年のことで，その公式の表現。そのような処分をすること。

▶8 **地鎮祭**
新たな建物を建設するに先立ち，工事の安全を祈念して行う儀式のこと。

71

市体育館の建設に当たり神道で地鎮祭を実施し，公金を支出したことが政教分離に違反するとして争われた事件について，最高裁判所大法廷（昭和52〔1977〕年7月13日）は，当該地鎮祭の目的は世俗的で，その効果も神道を援助，助長するものでないから，宗教的行事ではなく，政教分離に反しないとした。また，別の事件の1つとして愛媛玉串料訴訟がある。愛媛県知事が，戦没者の遺族の援護行政のために靖国神社などに対し玉串料を支出したことが政教分離に反するとして，浄土真宗の僧侶等が争った事件である。最高裁判所大法廷（平成9〔1997〕年4月2日）は，「行為の目的が宗教的意義をもち，その効果が宗教に対する援助，助長，促進又は圧迫，干渉等になる」として，違憲とした。

用語

▶9 玉串料
神社に祈禱をしてもらうとき支払う金銭のこと。

4 政教分離の在り方

政教分離の在り方としては，国家と宗教の厳格な分離を求めるアメリカ型（日本はこの型に属する），国教を樹立しつつ，国教以外の宗教の自由を広く保障するイギリス型，国教は認めないが宗教に特権的な地位を認めるドイツ・イタリア型がある。厳格な分離を求める場合にも，国家と宗教のかかわりをどこまで容認するか，その基準を定めることは非常に困難である。

CHECK

▶10 政教分離といっても，「完全」な分離は難しいため，どの程度の分離を求めるかで厳格な分離や緩やかな分離と区別される。

他の国の憲法は？

アメリカ合衆国連邦憲法修正第1条
連邦議会は，国教を樹立し，または宗教上の行為を自由に行うことを禁止…（する）法律を制定してはならない。

フランス第5共和国憲法第1条第1項第1文
フランスは，不可分の，非宗教的，かつ社会的な共和国である。
→フランスの政教分離を「ライシテ」（世俗性・非宗教性）という。ライシテを揺るがせた問題がスカーフ着用事件（1989年）である。公立学校でイスラムの子女がスカーフを着用することを認めるかどうかが大きな議論となった。

アメリカ合衆国憲法は，『新解説世界憲法集』（初宿正典，辻村みよ子著　三省堂）p.83より

フランス第5共和国憲法（1958年憲法）は，『フランス憲法入門』（辻村みよ子・糠塚康江著　三省堂）p.254より

第4編 第8講 学問の自由

> **第23条〔学問の自由〕**
> 学問の自由は，これを保障する。

1 条文の基本的意味

　学問の自由は，**学問研究の自由，研究発表の自由及び教授の自由**の3つの自由からなる。したがって，政府がその政策に適合しないとして，学問研究やその成果の発表を弾圧，禁止することは許されない。

　そして，この規定には，学問の中心としての大学における研究・教授の自由を保障するため，後述する大学の自治が含まれているのである。

2 生命倫理と学問の自由

　学問の自由は無制約なのであろうか。例えば，研究者は，学問の自由の名の下に，自由にクローン人間を作成してよいのかどうか，また，受精卵の着床前診断を，禁止又は一定の目的で行うものに限るなどの法的規制は可能であろうか。学問・技術が進展し，人類が生命誕生・遺伝子操作という領域に踏み込んだため，何らかの規制が必要ではないかという議論が生じている。

　この点，ヒトに関するクローン技術等の規制に関する法律は3条で「何人も，人クローン胚，ヒト動物交雑胚，ヒト性融合胚又はヒト性集合胚を人又は動物の胎内に移植してはならない」と定め，違反に対して罰則を用意している。

　また，日本産婦人科学会は，自主的な規制として，着床前診断を重い遺伝病を有する患者についてのみ認めている。

用語

▶1 着床前診断
　受精卵の発達がある程度にまで進んだ段階で，その遺伝子や染色体を解析して，将来起こりうる遺伝疾患や流産の可能性を診断すること。

第4編　基本的人権

3 沿革

　明治憲法下において，滝川事件や，天皇機関説事件のように学問に対する弾圧の歴史があった。後者は，東京大学の美濃部達吉教授の学説が国体（当時の政治体制に関する考え方）に反するとして，政府が美濃部教授の憲法の教科書を発禁処分とし，教授することを禁じたというものである。

　諸外国を見ると，学問の自由を憲法で保障する例は多くはない。思想良心の自由や，表現の自由を保障すれば足りると考えられるからだ。実際，アメリカの憲法には，学問の自由を規定した条文は存在しない。日本の憲法が学問の自由を明文で規定したのは，前記のような歴史的経緯を踏まえたものである。

　なお，アメリカの憲法については，その大学の多くが私立大学であることも原因として考えられる。私学である以上，後述の大学の自治も当然のことであるからである。

4 大学の自治

　大学の自治の観念は，ヨーロッパ中世以来の伝統に由来するものであるが，近代において，大学の自治は，学問の自由を保障するためのものとして理解されるようになった。

　大学の自治とは，学長・教授その他の研究者の**人事**や，**施設・学生の管理**，**学内秩序の維持**については，**大学の自主的判断に基づいてなされなければならず**，政府による干渉を許さないというものである（端的には，国立大学の場合に，設置者である政府の教授人事等への干渉が排除されなければならない）。

　もちろん，学内秩序の維持に関して，大学は治外法権を有するわけではないが，警察当局が学内の活動を常時監視しているようでは学問の自由も委縮してしまう。そこで，大学の要請がない限り，警察が立ち入ることは，原則として許されるべきではないといえる。

CHECK

▶2　1933（昭和8）年に京都帝国大学の滝川教授（刑法学）が，中央大学で行った講義が危険思想であるとして文部省から休職処分にされた思想弾圧事件。

▶3　美濃部教授が帝国議会貴族院で弁明をする様子。

▶4　例えば，中世パリ大学は，国王から裁判権まで付与され，「国の中の国」といわれるまでの権力主体であった。このように，大学の自治は，元来は，教授や学生の特権的な自治権として成立した。

▶5　2014（平成26）年においても，私服警察官が京都大学の構内を内偵していた事件が発覚した。京都大学が遺憾の意を表明した。

5 大学の自治をめぐる事件

　1952（昭和27）年に，東京大学の教室で大学の学生団体である「ポポロ劇団」が演劇発表会を開催中，観客として潜入していた私服警察官を学生が発見し，その警察手帳の提示を求めたところ，警察官は長期にわたって東大構内に立ち入り，学生団体の活動等に関する情報収集をしていたことが判明した。

　警察官に手帳の提示を求めた際に暴行を加えたとして，学生が暴力行為等処罰法違反で起訴された事件について，東京地方裁判所は，学生の行為は大学の自治を守るための正当行為であるとして，無罪判決を出し，東京高等裁判所もこれを支持したが，最高裁判所（昭和38〔1963〕年5月22日）は，伝統的に大学の自治が認められるとしつつも，これを教授その他の研究者の学問の自由を保障するためのものと理解したうえで，演劇が松川事件を素材としたもので，実社会の政治的社会的活動であり，公開されていたものであるから，大学の自治を享有しないと判断し，無罪判決を破棄して，原審に差し戻した。

CHECK
▶6 1949（昭和24年）8月に東北本線松川駅付近で起きた列車転覆事件。左翼勢力による犯行であると目され，労働組合員が逮捕，起訴された。地方裁判所で死刑判決等が出されたが，その後，アリバイを示す証拠がみつかって，最高裁判所で無罪判決が行われた。

他の国の憲法は？
スイス連邦憲法第20条

学問の教授および研究の自由は，保障される。
➡ 一方，同法119条1項は「人間は，生殖医療と遺伝子技術の誤った利用から保護される」と定め，また，同条2項aは人の生殖細胞・胚に手を加えることは許されない等と定め，一定の制約を定めている。

スイス連邦憲法は，『新解説世界憲法集』（初宿正典，辻村みよ子著　三省堂）p.294 より

第4編　第9講　表現の自由

> **第21条〔表現の自由，検閲の禁止等〕**
> 1　集会，結社及び言論，出版その他一切の表現の自由は，これを保障する。
> 2　検閲は，これをしてはならない。通信の秘密は，これを侵してはならない。

1 条文の基本的意味

　21条1項は，集会の自由，結社の自由，言論，出版その他の**一切の表現の自由を保障する**。いずれも，人の精神活動の外部への表明に関する自由である。本講では，表現の自由を取り上げる。

　表現の自由は，事実認識，内心の思想，意見，芸術的直観，創意工夫その他およそ内心の精神的活動を，いかなる表現媒体を用いるかを問わず，外部に表明することの自由を保障するというものである。公権力が表現活動を規制してはならないということである。そして，ここでいう表現活動には，演説等の口頭，新聞・雑誌・写真その他の文書図画，マス・メディア，インターネット，音楽，演劇，造形美術，身体を用いた表現その他一切の表現が含まれる。

　21条2項前段は，外部に発表されるべき思想内容等の表現物の内容を事前に審査し，不適当と認めるときは，その発表を禁止する措置（検閲）を絶対的に禁止するものである。

　検閲の禁止は21条1項の表現の自由の保障からも導かれるものであるが，これを別途規定した趣旨は何か。それは，検閲が歴史的に言論に対する最も重大な侵害であったからだ。検閲は，当局が好ましくないと考える思想・主義が受け手に届く前に禁圧するもので，事後的な処罰よりも弊害が大きいのである。
　▶2

用語

▶1 結社
　共通の目的のために組織される継続的な団体のこと。人の集まり。

CHECK

▶2 全体主義的な一部の国家では，当局がインターネット上の情報を監視するサイバー警察を設置して国民が国に対する批判の考えをもたないようにしている。

■日本における検閲の事例
戦前は，内務省が讒謗律，出版法，新聞紙法，治安維持法等に基づき，書籍，新聞等の内容を審査し，必要に応じ，発行等の禁止をする検閲を行った。敗戦後の占領時代には，GHQ が「言論及ビ新聞ノ自由ニ関スル覚書」や「日本ノ新聞準則ニ関スル覚書」（いわゆるプレスコード）等を発出し，日本のマスコミなどへの検閲をした。

2 表現の自由の意義

表現の自由には，2つの重要な意義がある。

1つは，個人が自分の思想，感情，芸術的着想等を外部に発表し，伝え，他人の言論等を受け止め，理解し，感動し，ほかの人と認識や感動等を共有するというものである。これを著名な憲法学者である芦部信喜教授は，「自己実現の価値」という。

もう1つは，主として政治に何らかのつながりを有する言論活動を通じて国民が政治の在り方へ影響を及ぼし，又は参加するというものである。人々は，表現の自由の下，政府を批判し，政権の交替（最終的には政治体制の変革）を実現することができる。芦部教授は，これを「自己統治の価値」と称した。自由な国家と独裁国家との基本的な違いはここに存する。専制的な支配者は，表現の自由，体制批判を容認するどころか，いわゆる「焚書坑儒」を行う。表現の自由は，民主政治にとって不可欠の基本的人権なのである。

表現の自由の重要性を指摘する巨大な思想家として，J.S. ミルをあげることができる。ミルは著書『自由論』(On Liberty) において，同一の意見を有する全人類がこれと異なる一人を沈黙させることは，ただ一人の権力者が全員を沈黙させることと同じように不当であると指摘し，表現の自由の重要性を説いた。また，アメリカ合衆国の連邦裁判所のブランダイス裁判官は，「合衆国の独立を成し遂げた人々は…自分の意のままに考える自由と，意のままに自分の考えを発言する自由は，政治的真実を発見し広めるために不可欠な手段だと信じていた。言論と集会の自由がない

CHECK
▶3 政権批判が国民の間に共有されれば，体制変革に至ることは，その後の混乱は別として，私たちが「アラブの春」でみたところである。

用語
▶4 焚書坑儒
秦の始皇帝（前259-前210）が，専制支配を貫徹するために，儒学等の書物を焼かせ（焚書），これを非難する儒者 数百人を咸陽で生埋めにしたこと（坑儒）をいう。

▶5 J.S. ミル
(1806-1873)
英国の哲学者。

77

限り，議論は不毛になる。それらの自由があれば，議論によって，たいていは有害な主義主張の流布を防止できる。自由に対する最大の脅威は，人々の無気力だ。公共の場での議論は政治的な義務であり，それこそが，米国政府の基本原則であるべきだ。」と述べ，表現の自由が民主主義社会の基盤であるとしたのである。

用語
▶6 流布
広く世間に行き渡らせること。

3 表現の自由の事前抑制・検閲をめぐる事件

(1) 税関検査事件

関税定率法21条1項3号では「公安又は風俗を害すべき書籍，図画，彫刻物その他の物品」（例えば，ハードコアポルノ）を輸入禁制品と定め，税関当局が書籍等の輸入に当たって内容を検査する（税関検査）。

税関検査が検閲に該当するかどうかが争われた輸入禁制品該当通知処分等取消請求事件（いわゆる税関検査事件）において，最高裁判所（昭和59〔1984〕年12月12日）は，憲法21条2項にいう「検閲」とは，行政権が主体となって，思想内容等の表現物を対象とし，その全部又は一部の発表の禁止を目的として，対象とされる一定の表現物につき網羅的一般的に，発表前にその内容を審査したうえ，不適当と認めるものの発表を禁止することを，その特質として備えるものを指すとした。戦前の内務省が実施したような検閲に限定したのである。そのうえで，①輸入禁制の表現物は，国外で発表済みのものであること，②税関検査は，関税徴収手続に付随して行われるもので，容易に判定し得る限りにおいて審査しようとするものにすぎず，思想内容等それ自体を網羅的に審査し規制することを目的とするものでないこと，③思想内容等を対象としてこれを規制することを使命とするものではないことから，税関検査は憲法が禁止する検閲に該当しないとした。

CHECK
▶7 検閲の概念を限定しすぎているという批判もある。

(2) 北方ジャーナル事件

1979（昭和54）年実施の北海道知事選挙の候補者に関する記

事を掲載した雑誌「北方ジャーナル」が発売前に人格権侵害を理由として発行差止めの仮処分決定（札幌地方裁判所）を受けたという事件である。最高裁判所（昭和61〔1986〕年6月11日）は，裁判所の発行差止めは，個別的な私人間の紛争について当事者の申請に基づき審理判断して発せられるものであって，前記(1)の「検閲」には当たらないとした。そのうえで，公職の候補者に関する言論の事前抑制は原則として許されないが，その表現内容が真実でなく，又はそれが専ら公益を図る目的のものでないことが明白であって，かつ，被害者が重大にして著しく回復困難な損害を被るおそれがあるときは，当該表現行為はその価値が被害者の名誉に劣後することが明らかであるうえ，有効適切な救済方法としての差止めの必要性が肯定されるから，例外的に事前差止めが許されるとした。

(3) 教科書検定事件

小・中学校・高等学校においては，文部科学大臣の検定に合格した教科用図書を使用しなければならない（学校教育法34条等）。東京教育大学の家永教授が執筆した高校生教科書「新日本史」が文部省（当時）によって検定不合格処分等を受けたため，数次にわたって，国に賠償請求を提起し，教科書検定が検閲に該当し憲法に違反すると主張した事件である（「家永訴訟」とも称される）。最高裁判所（平成5〔1993〕年3月16日）は，教科書検定に不合格となっても一般図書としての出版は可能であるから検定は21条2項が禁ずる「検閲」に該当しないとした。さらに普通教育においては，教育の中立・公正，一定水準の確保等の要請があるから，検定による表現の自由の制限は合理的で必要やむを得ない限度のものとして，21条1項にも違反しないとした。

この事件は，国家が教育の内容にどこまで介入し得るか，検定制度は実質的には行政が教科書執筆陣の思想内容に干渉するものであることをどう評価するか等の困難な問題を有している。

CHECK

▶8 「素顔は，昼は人をたぶらかす詐欺師，夜は闇に乗ずる凶賊で，云うならばマムシ…」などの表現で特定の候補者の人格を攻撃していた。

▶9 公権力を担う者の選出は，その候補者の全人格について，できる限りの資料を得て行われるべきであるから，その者への批判的言論を含め，事前抑制すべきではないという趣旨である。

4 表現の自由に対する内容に基づく規制

　国家権力が一定の内容の表現を禁ずることは，その表現に含まれる考え方が言論の自由市場から締め出されてしまうという欠陥を有し，国家権力が都合の悪い表現を規制する弊害をもつので，事後的規制としても，原則として許されない。ただし，いくつかの類型の表現は，規制が行われてきている。

(1) わいせつ規制

　その１つが，わいせつ表現である。

> ■刑法〔わいせつ物頒布等〕　第 175 条第 1 項
> 　わいせつな文書，図画，電磁的記録に係る記録媒体その他の物を頒布し，又は公然と陳列した者は，2 年以下の懲役若しくは 250 万円以下の罰金若しくは科料に処し，又は懲役及び罰金を併科する。電気通信の送信によりわいせつな電磁的記録その他の記録を頒布した者も，同様とする。

　わいせつな性表現は，刑法で犯罪として規定されている。このような表現は，社会的な害悪行為であるとか，価値が低いとして，そもそも，表現の自由の保障が及ばないという考え方がある。

　しかし，一定の類型の表現を憲法による人権保障の枠外としてよいのかという根本的な問題や，処罰をおそれて憲法が保障する表現行為まで差し控えてしまうという萎縮効果も心配である。そこで，規制の理由を問うとともに，わいせつ物の観念を憲法的観点から検討し，表現の自由を最大限尊重して，処罰の対象となる「わいせつ」な文書等をぎりぎりのところで画する試み（処罰範囲の限定）が必要である。その理由は，脅迫，名誉毀損などの表現行為を処罰するほかの犯罪と違い，わいせつ物頒布等の罪は，具体的な被害者が存在しないからである。

　チャタレイ事件に関する最高裁判所（昭和 32〔1957〕年 3 月 13 日）は，わいせつを「いたずらに性欲を興奮又は刺激せしめ，かつ，普通人の正常な性的羞恥心を害し，善良な性的道義観念

CHECK

▶10　性的な表現で反戦・平和を訴える，あるいは，端的に芸術的直観として性的描写が必要だということもあろう。

▶11　イギリスの小説家，D.H.ローレンスの小説「チャタレイ夫人の恋人」の翻訳者と出版社社長がわいせつな本等を販売した罪（わいせつ物頒布罪）で起訴された事件である。

に反するもの」と定義づけ，表現の自由も公共の福祉によって制限されるとし，わいせつな性表現を規制する根拠は「性的秩序を守り，最少限度の性道徳を維持する」ことにあるとした。そして，具体的なあてはめは，社会通念に従って行うべきであるとしたうえで，本書の性的場面の描写は，性行為非公然の原則に反し，わいせつな文書であるとした。

その後，最高裁判所は，「悪徳の栄え」事件や「四畳半襖の下張事件」においてわいせつ性の判断方式を微妙に修正しているが，わいせつの概念や規制根拠を維持している。

これに対し，最高裁判所のいう性的秩序や性道徳の維持は，社会的道徳に委ね，法が干渉すべきものではないという考え方も有力に唱えられている。性道徳に関する社会通念が著しく変遷し，わいせつ物頒布罪の処罰の実情が大きく変わったことにかんがみると，性道徳を法の強制力で維持することの妥当性が問われる。そして，この考え方からするならば，わいせつ物頒布等を処罰する根拠は，青少年の情操を害する危険，未成年者がポルノ産業に搾取されることの防止，見たくない人が街中で目にしてしまうことの排除ということになろう。そうすると，現行のわいせつ物頒布罪のような内容に着目した一律の規制でなく，表現の時・場所・方法に応じた規制（児童ポルノの禁止，出会い系サイトの規制など）へと切り替えるべきだということになる。

(2) 名誉毀損的表現

別の類型の内容規制として，名誉毀損がある。名誉毀損罪（刑法230条）は，被害者が具体的に特定されるし，保護法益も比較的分かりやすい（人の社会的評価）。しかし，権力者の資質や言動に対する批判的な発言や文書を抑圧するのに使われやすく，国民の政治的言論の自由と緊張関係に立つ。政府に対する自由な批判は民主政治にとって不可欠であることから，本罪が有する表現に対する萎縮効果を除去するための仕組みが必要である。

CHECK

▶12 わいせつかどうかは時代によって変遷するが，「性行為非公然の原則」は人間の本質によるものであるとした。そして，この定義は明治憲法時代に遡り，現時点に至るまで，維持されている。

▶13 フランスの小説家マルキ・ド・サドの「悪徳の栄え」の翻訳者と出版社の社長がわいせつ物頒布罪で起訴された事件。最高裁判所は，文書がもつ芸術性・思想性が性的描写による性的刺激を減少・緩和させる場合があることや，わいせつ性は作品全体をみて判断すべきであることを述べた。

▶14 永井荷風作とされる「四畳半襖の下張」の掲載が，わいせつ文書販売の罪で起訴された事件。最高裁判所は，性に関する描写叙述の程度・手法，描写叙述の文書全体に占める比重，文書に表現された思想等と右描写叙述との関連性，文書の構成・展開，芸術性・思想性等による性的刺激の緩和の程度等，文書全体の検討を要するとした。

> ■刑法〔名誉毀損〕 第230条第1項
> 公然と事実を摘示し、人の名誉を毀損した者は、その事実の有無にかかわらず、3年以下の懲役若しくは禁錮又は50万円以下の罰金に処する。

そこで、名誉毀損を定める規定の次の条文（刑法230条の2）では、摘示した事実が①公共の利害に関係し、②専ら公益を図る目的で表現した場合には、③その事実が真実であることの証明があれば、処罰しないとしている。そして、同条3項では公務員や政治家に関する事項については①及び②の証明を不要とし、③の証明のみで足りるとした。政治に対する言論の自由の幅を確保しようとするのである。

さらに、最高裁判所（昭和44〔1969〕年6月25日）は、夕刊和歌山時事事件において、本条は人格権としての個人の名誉の保護と、憲法21条による正当な言論の保障との調和を図ったもので、両者間の調和と均衡を考慮するならば、真実性の証明がない場合でも、行為者がその事実を真実であると誤信し、その誤信したことについて、確実な資料、根拠に照らし相当の理由があるときは、犯罪の故意がなく、名誉毀損の罪は成立しないものと解するのが相当である」とした（これを「相当性の証明」という）。

名誉毀損は、民事上、不法行為として賠償責任を生じさせるのであるが、裁判所は、民事責任の免責についても、上記と同様の解釈をしている。

(3) ヘイトスピーチ（差別的言論）

近時、規制の可否が問題となるものとして、ヘイトスピーチがある。

人種、国籍、宗教等を異にする人の集団に対する差別、憎悪を表す表現行為をヘイトスピーチ（差別的言論）という。根拠のない偏見や差別を助長するもので、正当な言論ではない。アメリカ

CHECK

▶15 「だれそれは前科者だ」とか「××は学歴を詐称している」等、公然と事実を摘示して、人の社会的評価を下げることをいう。摘示した内容が真実であっても、名誉毀損となりうる。

▶16 「夕刊和歌山時事」の記者が、紙面に、ある人物が和歌山市役所の職員に対して恐喝まがいの発言をしたという記事を掲載し、名誉棄損で起訴された事件。

▶17 この解釈の下では、確実な資料や根拠を踏まえて行う政治家に対する批判であれば、真実性の証明に失敗しても、処罰されないこととなる。憲法的価値を守るための営みを味わってほしい。

では，言論は言論の自由市場で淘汰されるという考え方が強い。そこでは，連邦裁判所においてヘイトスピーチを禁止，処罰する市条例が修正1条（表現の自由）違反とされる等，ヘイトスピーチを規制することに消極的である。これに対し，ナチスの忌まわしい人種差別の歴史を背負ったヨーロッパでは，ナチスを擁護するような言論については処罰できるという考え方が強い。

(4) 公務員の政治活動の禁止

現在，公務員の政治活動は，非常に広汎に禁止されている（国家公務員法及び同法の委任を受けて定められている人事院規則）。特定の政治信条に基づき職務執行をすることが許されないことは当然として，公務員が勤務時間外に，公務員としての職権を利用せずにまったくの私人として政治活動を行うことまでも禁止対象である。この禁止が幹部職員のみならず，末端の職員まで及んでいるため，公務員の表現の自由としての政治活動の自由を侵害するものとして違憲ではないかが争われた事件が猿払事件である。

北海道の猿払町の郵便局職員（2007年の郵便事業の民営化の前は，郵便局の職員は公務員だった）が勤務時間外に，国の施設を利用することもなく，特定の政党の選挙ポスターを掲示したものであるが，公務員の政治活動の禁止に違反するとして，起訴された。旭川地方裁判所は，被告人の行為が公務の中立性に与える弊害は小さく，刑罰を加えることは公務員の政治活動に対する過大な制約になるとして無罪判決を出した。これに対し，最高裁判所（昭和49〔1974〕年11月6日）は，公務員の政治活動の禁止は，行政の政治的中立とこれに対する国民の信頼の確保を目的としたものであるとし，公務員の政治活動は，職種や勤務時間内外を問わず，この目的を害するとして，有罪としたのである。行政の政治的中立に対する国民の信頼確保という抽象的目的で表現の自由を広汎に規制することについては，憲法学者が強く批判をしてきた。平成24〔2012〕年12月7日，これを修正する最高

▶18 国家公務員法は「公務員は…人事院規則で定める政的的行為をしてはならない」と定め（同法102条），違反者を処罰するとし（3年以下の懲役又は100万円以下の罰金〔同法110条1項19号〕），人事院規則が処罰対象である政治的行為のカタログを詳細に定めている。表現の自由である政治活動に対する規制及び処罰範囲を命令に白紙委任することは，深刻な憲法問題である。

裁判所の判決が出た。公務員の政治活動の処罰の目的は，公務員の職務の遂行の政治的中立性を損なうおそれが実質的に認められる政治的行為を禁止することにあるとして，管理職的地位になく，その職務の内容や権限に裁量(さいりょう)の余地のない一般職国家公務員が，職務とまったく無関係に，公務員により組織される団体の活動としての性格を有さず，公務員による行為と認識し得る態様によることなく行った政党の機関紙(きかんし)等の配布は，公務員の職務の遂行の政治的中立性を損なうおそれが実質的に認められるものとはいえず，国家公務員法及び人事院規則で禁止された行為に当たらないとしたのである。

(5) 選挙運動への大幅な規制

公職選挙法は，選挙運動について，事前運動の規制，法定外文書の頒布の禁止，戸別訪問の禁止，買収の禁止等の規制を設けている。このうち，公職の候補者が有権者の住居を訪問し，政策を説明し，支持を求めること（戸別訪問）を禁止することは，欧米先進国に類例をみないもので，裁判でその合憲性が争われた。

最高裁判所は，戸別訪問が買収の温床となる危険，住民の生活の平穏を害するおそれがあること等から，憲法に反しないとする判断をしたが，選挙運動の自由が代表民主制にとって致命的に重要であることを踏まえると，候補者と有権者を直結する機会を制限することについて慎重な検討が必要である。

5 表現の自由に対する時・場所・方法の規制

一定の内容に着目した規制ではなく，表現の手段・態様(たいよう)に着目した規制が行われることがある。交通の重大な妨害となる態様でのビラ配布の規制（道路交通法 77 条）や，美観(びかん)を損(そこ)ねるような屋外(おくがい)広告物の規制等である。この場合，別の方法による表現・意見表明は可能であるとはいえ，一般人にとってビラ配りやポスティングが重要な表現手段であることや，規制の違反に対する摘(てき)

発が差別的に行われていないかどうかに注意する必要がある。

> ■自衛隊官舎ポスティング事件
> 　防衛省の公務員宿舎（ビラの投函を禁ずる旨の張り紙を施してあった）の敷地，階段，廊下に立ち入って各住戸のポストに反戦ビラを投函した者が住居侵入罪で起訴された刑事事件について，最高裁判所（平成20〔2008〕年4月11日）は，「表現の自由は，民主主義社会において特に重要な権利として尊重されなければならず，被告人らによるその政治的意見を記載したビラの配布は，表現の自由の行使ということができる。しかしながら，憲法21条1項も，表現の自由を絶対無制限に保障したものではなく，公共の福祉のため必要かつ合理的な制限を是認するものであって，たとえ思想を外部に発表するための手段であっても，その手段が他人の権利を不当に害するようなものは許されないというべき」だとして，有罪判決をした原審の判決を支持した。この判断には賛否の意見がある。

6　知る権利・報道の自由

> ■最高裁判所大法廷決定 昭和44〔1969〕年11月26日の抜粋
> 　「報道機関の報道は，民主主義社会において，国民が国政に関与するにつき，重要な判断の資料を提供し，国民の「知る権利」に奉仕するものである。したがつて，思想の表明の自由とならんで，事実の報道の自由は，表現の自由を規定した憲法21条の保障のもとにあることはいうまでもない」。

(1) 表現の自由の現代的形態としての「知る権利」

　表現の自由は，もともと，思想・意見その他の内心の精神的活動を外部に表明することの自由である。近代社会においては，思想・情報の発信者と受信者は，相互に，対等の立場であって，ある思想・情報を受け取った者は，これに対し反論するなど，別の言論を直ちに行い得た。外部への表明の自由を保障することで，思想・情報を受け取る側の自由も保障し得たといえる。

　しかし，国の役割の肥大化や，新聞・放送等のマス・メディアの出現にともない，表現の発信者と受信者の役割は固定され，一般国民は，国やマス・メディアからの情報を一方的に受け取る立

場におかれることとなった。そして，国は巨大な行政情報を保有し，時としてこれを秘匿し，マス・メディアは世論を形成・誘導し，政権の命運を左右するような影響力を有するようになった。
▶19 そこで，表現の自由を，単に外部に表明することの自由とのみ捉えるのでなく，表現の受信者が聞いたり，読んだり，情報を得ることの自由を保障するため，「知る権利」として再構成することが必要となったのである。

CHECK
▶19 戦時中の新聞の世論誘導が1つの例である。

(2) 報道の自由をめぐる裁判

　マス・メディア等の事実の報道の自由は，思想の表明と並んで，表現の自由として保障される。

　1968年1月，米軍の原子力空母エンタープライズ寄港反対闘争に参加した学生と機動隊員が博多駅付近で衝突した際，機動隊側に過剰警備があったとして職権濫用罪等の成否を判断する裁判において，福岡地方裁判所が放送会社に対し，取材により得られたニュースフィルムを証拠として提出するよう命じた。これに対し，放送会社が，取材した内容が報道以外の目的に使用されれば，将来の取材活動が妨げられ，ひいては，報道の自由を侵害するとして争った。最高裁判所は，本項の冒頭のように判示したうえで，報道のための取材の自由も憲法21条の規定に照らし十分尊重に値するが，憲法の要請である公正な裁判の実現のためにある程度の制約を受けるものであるとし，その制約の可否は，証拠としての利用の不可欠性と，取材の自由の侵害の程度及び報道の自由に及ぼす影響の度合を比較衡量して判断すべきであるとして，本件では当該フィルムが「ほとんど必須」の証拠であるとして，提出命令を合憲とした。

(3) 取材の自由・取材源の秘匿

　取材の自由に対する制約については，裁判所から取材源等を開示するよう命ぜられた場合における，その秘匿の可否が問題とな

る。取材対象者は，報道機関・記者が公権力に対しても取材源を開示しないとの約束を信頼して，取材に応じ，事実を述べる。この信頼関係が確保されなければ，報道機関は事実に辿り着くことができず，国民の知る権利も十全には保障されないこととなる。

報道機関には取材源を秘匿する自由があるかどうかが問われた事件の1つが石井記者事件である。この裁判で，最高裁判所（昭和27〔1952〕年8月6日）は，取材源の秘匿に関し，司法権の公正な発動につき必要不可欠である証言の義務を犠牲にして，証言拒絶の権利までも保障したものとは解することができないとして，新聞記者の証言拒絶権を否定に解した。ちなみに，この判決において，最高裁判所は，表現の自由の保障は「公の福祉に反しない限り，いいたいことはいわせなければならないということ」であると述べている。表現の自由の「知る権利」としての要素や，知る権利に奉仕するための報道の自由という考え方の生成以前に行われた判決である。その後，民事訴訟ではあるが，取材源の秘匿は，民事訴訟法197条1項3号にいう「職業の秘密」に該当するとして，記者に証言拒絶権を認めたものがある（札幌地方裁判所決定昭和54〔1979〕年5月30日）。この決定では，自由な言論を図る社会的使命を負っている新聞記者の取材源は，これを公表しなければならないとすると将来における取材活動に困難を来すと考えられることを理由とした。

報道機関の取材の自由の限界は，国家機密との関係でも問題となる。国家公務員法上の守秘義務を負担する公務員に対し取材し，守秘事項を漏示させることが処罰の対象とならないかどうか。この点，著明なものとして，外務省秘密漏えい事件（西山記者事件）がある。これは，毎日新聞の西山記者が，外務省の女性事務官と関係をもち，これを利用して国家公務員法違反（守秘義務違反に当たる行為をするようそそのかした罪）として起訴された事件である。最高裁判所（昭和53〔1978〕年5月31日）は，報道機関が公務員に秘密を漏示するようそそのかしても，真に報道の目

▶20 贈収賄事件における逮捕状の発付に関する記事をめぐり，逮捕状発付に関する事実を漏えいした公務員の捜査に関し，その記事に関与した朝日新聞松本支局の石井清記者が裁判所に召喚され，宣誓及び証言を求められたが，同記者は，これを拒絶した。そこで，石井記者が刑事訴訟法161条1項（正当な理由がなく宣誓又は証言を拒んだ者は，10万円以下の罰金又は拘留に処する）違反で起訴されたという事件。

▶21 刑事訴訟法143条は「裁判所は，この法律に特別の定のある場合を除いては，何人でも証人としてこれを尋問することができる」と規定し，同法149条は，医師，歯科医師，弁護士等列挙されている業種の業務上の秘密については，証言を拒むことができると規定する。しかし，新聞記者はこの証言拒絶権を有する者として規定されていない。

的から出たものであり，その手段方法が法秩序全体の精神に照らし相当なものとして社会観念上是認されるものである限りは，実質的に違法性を欠き正当な業務行為であるが，当初から秘密文書を入手するための手段として利用する意図で女性の公務員と肉体関係をもち，同女が右関係のため被告人の依頼を拒み難い心理状態に陥ったことに乗じて秘密文書をもち出させたなど取材対象者の人格を著しく蹂躙した本件取材行為は，正当な取材活動の範囲を逸脱したものとして，有罪とする原審判決を支持した。

次に，政府が一定の事項を機密として指定する制度の1つとして，2013年に「特定秘密の保護に関する法律」が制定された。これは，安全保障に関する情報のうち，特に秘匿が必要なものを特定秘密として指定し，これを取り扱う者に対し適性評価を実施し，及びその漏えい・取得行為を厳しく処罰することを内容とするものである。特定秘密の指定基準が「その漏えいが我が国の安全保障に著しい支障を与えるおそれがあるため，特に秘匿することが必要である」と抽象的であることや，防衛産業等の民間企業の従業員を含めた守秘義務，取得行為に対する処罰規定によって，報道の現場における萎縮効果も指摘されている。

> スイス連邦憲法は，『新解説世界憲法集』（初宿正典，辻村みよ子著　三省堂）p.294 より

■知る権利を明記した憲法
スイス連邦憲法第16条（表現の自由と情報の自由）第3項
　すべての人は，自由に情報を受け取り，一般にアクセス可能な情報源からそれを入手し，流布する権利を有する。

同第17条（メディアの自由）第3項
　情報源の保護は，保障される。

7 集会・結社の自由

(1) 集会・結社の意義

21条1項は，表現の自由の一環として，集会・結社の自由を

保障している。

　集会は，複数の人が共通の目的で同一の場所に集まって，一定の行動を行うことである。また，結社は，複数の人が共通の目的で一つの団体（政党その他）として結合(けつごう)することである。本条は，これらの自由を保障するものである。結社の自由は，結社を作ること，加入し又は加入しない自由，結社を通じて活動する自由を含む。集会・結社の自由を保障するのは，個人が共通の目的を有する複数の人々の結合体に参加・帰属(きぞく)して自分の存在意義を確立するのに役立つし（例えば，「育(いく)メンの会」への参加），また，国民が政治的な意見を結集し，表明する手段として不可欠であるからである（例えば，××法制定反対デモ行進への参加）。

(2) **集会の自由をめぐる事件**

　自治体は，公会堂や市民会館等を設置し，広く，住民の利用に供している。これを「公(おおやけ)の施設」という。地方自治法244条は「正当な理由がない限り，住民が公の施設を利用することを拒んではなら」ないとし（2項），不当な差別的取扱いをしてはならないと定め（3項），244条の2第1項は施設の管理に関する事項は，条例で定めるべきことを規定している。公の施設の管理者が，正当な理由なく，その利用を拒否するときは，憲法の保障する集会の自由の侵害になる可能性もある。これが問題となったのが，泉(いずみ)佐野(さの)市民会館事件である。

　市民会館での集会を企画した団体が，市長に対し市民会館条例に基づき，会館の使用許可の申請をしたところ，本件会館の使用が条例で定めた不許可事由のうち「公の秩序をみだすおそれがある場合」及び「その他会館の管理上支障(ししょう)があると認められる場合」に該当するとして，申請を不許可とする処分をしたため，申請者が損害賠償を求めたというものである。

　最高裁判所（平成7〔1995〕年3月7日）は，公の施設である市民会館の使用を許可してはならない事由として市立泉佐野市民

会館条例が定める「公の秩序をみだすおそれがある場合」とは，会館における集会の自由を保障することの重要性よりも，右会館で集会が開かれることによって，人の生命，身体又は財産が侵害され，公共の安全が損なわれる危険を回避し，防止することの必要性が優越する場合をいうものと限定して解すべきであり，その危険性の程度としては，単に危険な事態を生ずる蓋然性があるというだけでは足りず，明らかな差し迫った危険の発生が具体的に予見されることが必要であり，そう解する限り，このような規制は，憲法21条，地方自治法244条に違反しないとした。そして，当該集会の実質上の主催者と目されるグループが，関西新空港の建設に反対して違法な実力行使を繰り返し，対立する他のグループと暴力による抗争を続けてきていると認定し，不許可処分は憲法21条，地方自治法244条に違反しないとした。

(3) 公安条例による規制

現在，ほとんどの都道府県は公安条例を制定している。これは，集会・集団行進（デモ行進）の規制を内容とするものである。下記の条例を読んでみよう。

■集会，集団行進及び集団示威運動に関する条例（東京都条例）

第1条 道路その他公共の場所で集会若しくは集団行進を行おうとするとき，又は場所のいかんを問わず集団示威運動を行おうとするときは，東京都公安委員会（以下「公安委員会」という。）の許可を受けなければならない。（ただし書は省略）

第2条 前条の規定による許可の申請は，主催者である個人又は団体の代表者から，集会，集団行進又は集団示威運動を行う日時の72時間前までに次の事項※を記載した許可申請書3通を開催地を管轄する警察署を経由して提出しなければならない。※集会等の日時，場所，目的等の記載を要する。

第3条 公安委員会は，前条の規定による申請があつたときは，集会，集団行進又は集団示威運動の実施が公共の安寧を保持する上に直接危険を及ぼすと明らかに認められる場合の外は，これを許可しなければならない。ただし，次の各号に関し必要な条件をつけることができる。（各号列記部分は省略）

21条が保障する「集会（動く集会）の自由」又は「その他一切の表現の自由」に対する事前抑制である。

このような集会・集団行動は，他の国民の権利・自由（公園の自由利用）と衝突する部分がある。したがって，集会等に関する事前抑制は，一般公衆や他の集会が道路や公園を利用することとの衝突の予防や，調整，交通整理の必要から行われる限りは，憲法上，許容されると考えられる。そして，規制の趣旨をこのように考えるなら，規制の手法としては，集会等の日時・場所を交通整理等の任に当たる行政庁に対し通知すること（届出制）で足りるはずである。

これに対し，地域の治安維持を趣旨として集会等の事前抑制を行うこと（この場合には，規制の手法として，許可制度が採用されることとなる。）は，憲法に違反しないか，問題となる。

この点，最高裁判所は，新潟県公安条例事件判決（昭和29〔1954〕年11月24日）で，集団行動について一般的許可制を定めることは憲法違反であるとしつつ，特定の場所（道路・公園等）・方法について合理的かつ明確な基準をともなう許可制をとることは憲法に反しないとの判断枠組みを示した。

その後，最高裁判所は，東京都公安条例事件判決（昭和35〔1960〕年7月20日）において，集団行動は「甚だしい場合には一瞬にして暴徒と化す」と説き，治安維持のための集会の事前抑制もやむを得ないとし，「公共の安寧を保持する上に直接危険を及ぼすと明らかに認められる場合の外は，これを許可しなければならない。」（3条）とあるから，実質的には届出制と異なることがないとして，憲法に違反しないとした。

条例の規定の仕方そのものが人々に萎縮効果を及ぼし得ることを考えるならば，公安条例の制度設計としては，前記の届出制又はこれに準ずる仕組みとし，公安委員会に裁量判断の余地のないものとすべきであろう。

CHECK

▶22 道路・公園等における集会・集団示威行進について，事前に公安委員会の許可を要するとしている。

▶23 許可制とは，許可を受けなければ行えないと禁止したうえで，その行為をさせても弊害が生じない要件を満たす場合に禁止を解除する処分を行う制度。届出制とは，所定事項を行政庁に通知すれば足り，行政庁にはこれを受理する義務がある。行政庁は所要の交通整理等ができるにすぎない。

8 通信の秘密

　21条2項後段は，通信の秘密を保障している。通信とは，電話，手紙，電子メールなどの非公開で行う人と人の間のコミュニケーションをいい，その「秘密を保障する」は，通信の内容はいうまでもなく，発信人(はっしんにん)・受信人(じゅしんにん)の身元の特定，通信の日時や回数などに及ぶ。その趣旨は，秘密で行う言論の交換(こうかん)の保障であるとともに，私生活上の自由を保護することにある。

　通信の秘密も絶対的でなく，現行法上，一定の制約を課されている。破産者宛ての郵便物を破産管財人(かんざいにん)が開封する破産法上の制度などのほか，通信傍受法(つうしんぼうじゅほう)が定められている。同法は，薬物関連犯罪，銃器関連犯罪等の特定の犯罪について，捜査機関が，裁判所の発する傍受令状に基づき，被疑者の通信の内容等を傍受(盗聴)することを認めるものである。傍受の範囲を厳しく特定しなければ，犯罪に関係のない通信まで傍受されることとなって，通信の秘密との緊張関係が生ずる。

> ドイツ連邦共和国基本法は，『新解説世界憲法集』(初宿正典，辻村みよ子著　三省堂) p.174 より

■**集会の自由・結社の自由に関する憲法例**

フランス人権宣言・アメリカ合衆国憲法修正10か条

➡いずれも，結社の自由が規定されていない。市民革命期には，身分制的結社・団体からの解放こそが追求されたからである。その後，アメリカでは，結社の自由は修正1条（表現の自由）に含まれるものと理解されるようになった。また，フランスでは1901年に議会が「結社の自由法」を制定し，これに，憲法的価値が認められるようになった。

ドイツ連邦共和国基本法第8条

1　すべてのドイツ人は，届出または許可なしに，平穏に，かつ武器を携帯せずに，集会する権利を有する。
2　屋外の集会については，この権利は法律により，または法律の根拠に基づいて制限することができる。

➡日本における公安条例を憲法上根拠づけるものと位置づけられる。

第4編　第10講　職業選択の自由

> **第22条〔居住，移転，職業選択の自由等〕**
> 1　何人も，公共の福祉に反しない限り，居住，移転及び職業選択の自由を有する。
> 2　何人も，外国に移住し，又は国籍を離脱する自由を侵されない。

1 条文の基本的意味

　22条1項の職業選択の自由とは，自己の従事する職業を自由に決定する自由と，選択した職業を遂行する自由（営業の自由）を意味する。また本項には，居住移転の自由が併せて規定されている。職業選択の自由及び居住移転の自由は，近代市民革命の主役であるブルジョアジーが，身分制の下に職業選択を制限され，生まれながらの土地に緊縛される封建制を打ちやぶる中で確立してきた権利で，相互に深く関連するものである。

　職業選択の自由は，その他の人権と違い，特に，「公共の福祉に反しない限り」という制限がつけられている。職業（営業）は，他者との接触を生ずるため社会的影響が大きく，国民の生命，身体及び財産の安全を確保するための規制を要するとともに（免許制による医業の制限など），零細事業者の保護など福祉国家の理念を実現するために政策的な配慮が求められるためである。

　22条2項は，外国への移住及び国籍離脱の自由を保障する。外国への移住には海外渡航の自由が含まれる。国籍離脱の自由は，無国籍者となる自由まで認めたものでない。外国の国籍を取得することを妨害されず，その場合には日本国を失う（国籍法11条）。

2 職業選択・営業の自由に関する規制の類型

　現行法上，職業選択の自由に関し，多くの規制が行われているが，これらの規制は次の二類型に大きく分類される。

(1) 消極目的規制

　国民の生命，身体又は財産に対する弊害を防止，除去するために，職業選択・営業活動に対して行う規制である。社会の最低限の秩序維持のための規制であって，「警察目的の規制」と称されることもある。①業務を行うのに国家資格を要することとして，有資格者による業務独占が認められているもの（弁護士，医師等），②開業に国や自治体の許認可を要するもの（病院，薬局，銀行等），③自治体への届出や登録を要するもの（理髪業等）等の多くは，この類型に属するものである。

(2) 積極目的規制

　福祉国家の理念の実現など一定の政策目的の実現のための規制である。社会経済政策の1つの手段として，既存業者や弱小業者の転廃業の防止や健全で安定した経営を保護するために，距離制限を設けて新規参入を制限することなどがこの規制に属する。

　これまで職業選択の自由に対する規制措置について憲法訴訟が提起されてきたが，裁判所は，消極目的規制・積極目的規制の別に従い，審査の方法を違えている。これを，規制目的二分論と称することがある。具体的事件でみることとする。

❸ 職業選択の自由・営業の自由をめぐる事件
(1) 小売市場事件

　小売商業調整特別措置法は，政令で定める市の区域（指定区域）内における小売市場（10以上の小売商が入居する建物で，野菜・生鮮魚介類を販売する小売商が含まれるもの）の開設を都道府県知事の許可制としている（同法3条1項，無許可開設には罰則が規定されている）。大阪府は，小売市場許可基準内規を作成し，過当競争防止のため，既存の小売市場との最短道路経路で700m未満の場所には新設を許可しないこととしていた。小売市場の

CHECK

▶1 医師の免許制について，免許制をやめて，医業を自由化すべきとはだれも考えないであろう。いわゆるヤブ医者が増えて，生命・身体への危害が拡大するからだ。

▶2 福祉国家については，41ページを参照。

経営を業とする者が，許可を受けずに，指定区域で小売市場を開設したため，検挙（けんきょ）され，刑事裁判となった。そこで事業者は，許可制や距離制限が職業選択の自由を侵害するとして争った。

　最高裁判所（昭和 47〔1972〕年 11 月 22 日）は，積極目的の規制については，規制の必要性や，規制の手段・態様の合理性は立法府の裁量的判断にまつほかなく，ただ，立法府がその裁量権を逸脱（いつだつ）し，当該法的規制措置が著しく不合理であることの明白である場合に限って，裁判所は，規制措置を違憲として，その効力を否定することができるという判断枠組みを示した（明白性（めいはくせい）の原則）。

　これは，裁判所は，そのような政策が社会経済に及ぼす影響や，利害得失（とくしつ）を判断する能力に乏しく，立法府こそ，そのような評価と判断の機能を有することを理由とするものであった。そして，本件の小売市場の許可制は，経済的基盤の弱い小売商の相互間の過当競争によって生ずる共倒れから小売商を保護するためにとられた積極目的規制であると認定し，明白性の原則の下，本件措置を合憲とした。

(2) 薬局開設距離制限事件（やっきょくかいせつきょりせいげん）

　薬局の開設許可について，設置場所について適正配置（てきせいはいち）を許可条件とする旧薬事法（やくじほう）に基づき具体的基準を定める広島県条例の下で（既存薬局との間に最短距離で概（おおむ）ね 100 m），薬局開設の許可申請に対し，不許可処分を受けた事業者が，薬事法及び県条例が憲法 22 条 1 項に違反するとして，裁判所に処分の取消しを求めた事件である。

　最高裁判所（昭和 50〔1975〕年 4 月 30 日）は，許可制は職業選択の自由そのものに制約を課（か）するものであるから，原則として，重要な公共の利益のために必要かつ合理的な措置であることを要するとしたうえで，職業の自由に対する規制が社会経済政策上の積極的な目的のための措置ではなく，弊害を防止するための

▶3 例えば，地域の中小の店舗を保護するために，大規模店舗が展開する廉価販売を規制する法的措置を導入するとすれば，積極目的規制となる。このような措置の是非については，地域の商店街の維持の利益，大規模店舗の営業の自由，消費者の利益をそれぞれ考慮するなど，複雑な政策考慮を要する。

消極的・警察的目的のものである場合には，許可制に比べて職業の自由に対するよりゆるやかな制限である職業活動の内容及び態様に対する規制によるならば右の目的を十分に達成することができないと認められることを要するものとして，明白の原則ではなく，より厳格な基準によって審査するとした。

そして，本件適正配置の規制の立法目的は，薬局等の乱設による過当競争のため一部業者に経営の不安定を生じ，その結果として施設の欠陥等による不良医薬品の供給の危険・医薬品乱用の助長の弊害が生ずるという危険の除去という，消極的，警察的目的のための規制措置であると認定し，そのような目的は他の手段により達成しうるから，距離制限は必要かつ合理的な方法といえず，違憲であるとした。

(3) 公衆浴場法適正配置規制事件と規制目的二分論のゆらぎ

距離制限は，公衆浴場の設置許可でも問題となった。公衆浴場法は，銭湯などの公衆浴場の設置を都道府県知事の許可制の下におき，条例で配置の基準を定めることができることとしている。この規制の合憲性が争われた事件について，最高裁判所は，1955年にこの規制を国民保健と環境衛生を保持するための規制（すなわち，消極目的規制）と捉えたうえで，合憲とした。その後，距離制限の合憲性が争われた後の時代の事件では，規制の立法目的は業者が経営の困難から転廃業をすることを防止するための規制（すなわち，積極目的規制）と捉えて，明白性の原則を適用して合憲とした。

このように当初消極目的とされた規制が，後に積極目的と解されるようになることもあるし，規制の目的が何なのか容易に認定できないこともある。規制を違憲とした(2)の事件は，許可制という強い参入規制であることを重視していることから，判例は規制二分論だけで判断しているわけではないという分析もされている。

CHECK

▶4 ある営業活動を自由に放任する場合に生ずる弊害を取り除くための法的措置（消極的規制）の是非は，その弊害を取り除くのに必要な手段を超えていないかどうかという比較的シンプルな判断をすれば足りるので，裁判所としては，厳格に判断するという趣旨である。

▶5 最高裁判所は，薬局の濫立⇒過当競争⇒不良医薬品の供給という因果関係そのものを疑問視したうえで，不良医薬品の供給という事実関係があるとしても，配置規制をともなう許可制ではなく，不当な取引方法の制限（不良な医薬品の販売への規制の強化等）によって，そのような弊害を取り除くことができるとしたのである。

▶6 弊害を除去するための規制であることを装いながら，その実，既存業者の利益を保護するための参入規制であることもあるので，単純ではない。

第4編 第11講 財産権の保障，納税の義務

> **第29条〔財産権の保障〕**
> 1　財産権は，これを侵してはならない。
> 2　財産権の内容は，公共の福祉に適合するやうに，法律でこれを定める。
> 3　私有財産は，正当な補償の下に，これを公共のために用ひることができる。
>
> **第30条〔納税の義務〕**
> 　国民は，法律の定めるところにより，納税の義務を負ふ。

1 29条の基本的意味

　29条1項は，財産権の侵害を禁止する規定である。初期の近代憲法において，財産権は神聖不可侵とされていたが（フランス人権宣言第17条），資本主義の進展にともない，貧富の格差の是正や生活環境の確保等のために，財産権は社会国家的観点からの制約に服すべきと考えられるようになった。

　契約の自由を重視するアメリカにおいても，大恐慌後のニューディール政策の際に，社会経済立法を必要と考える潮流へと変化した。

　この考え方が日本の憲法にも継承され，人権の制限に関する一般的規定（12条）とは別に，本条2項で財産権の内容は，「公共の福祉に適合するように」法律で定められると規定したのはそのためである。

　1項の趣旨は，人々が財産を取得し，所有することを容認する私有財産制度を廃止することの禁止と，個人が現に有する個々の財産権を公権力に取り上げられないことを保障したのである（なお，次項を参照）。

　29条2項は，私有財産制度の確保の範囲内で，財産権の制度設計を法律に委任している。

CHECK
▶1　実際に，土地等の所有を許さない法制度をもつ国家も存在する。

実際に，都市計画法の用途地域（土地の利用方法を制限する制度）や，景観法・景観条例に基づく建築等の制限，環境関係立法に基づく排出規制など，財産権は法律や条例で複雑に，かつ，多様に制限されている。

❷ 公用収用と正当補償

29条3項は，1項で保障された個々の私有財産を，正当な補償の下，公共のために収用し，制限することができるとした。

財産権を神聖不可侵としたフランス人権宣言においても，その同じ条項において，「適法に確認された公の必要が明白にそれを要求する場合で，かつ正当かつ事前の補償のもとでなければ，これを奪われない」と規定し，公用収用を容認していた。

本項及び土地収用法などの法律の規定に基づき，道路，鉄道事業施設，学校，自然公園などの公共施設の建設のために私有地を取得することが必要である場合には，一定の手続及び補償の下に，土地の所有者から強制的に所有権を取得し，又は使用することなどが許されている。

本項が「補償」を要するとしたのは，財産権の収用や制限によって権利者に公共のための特別の犠牲を強いた以上，これを償うべきだからである。

ここで特別の犠牲かどうかの判別を「消防法」という法律でみてみよう。同法29条2項では，火勢や気象状況などから延焼のおそれのある建物等を破壊して，火災の拡大を防止する破壊消防が認められているが，この点につき補償を要しない。延焼のおそれがある対象物であるため（いずれ焼失する），破壊されても特別の犠牲といえないからである。

これに対し，当該建物への延焼のおそれはないが，火災を食い止めるために破壊して消防する措置（同条3項）については，焼失するはずがなかったのに公共のために犠牲を払わされたのであるから，補償を要する（同条4項）。

一般的には，権利者に何ら責任がないのに財産権を奪い取ってしまう収用は，特別の犠牲といえるであろうし，一定の危険性を内在（ないざい）する財産権について，その危険が現実化しないように規制を行うという場合は，特別の犠牲といえないであろう。

正当な補償とは，公用収用の場合には，当該財産の客観的な市場価格を全額補償することであると解釈されている。

3 30条の基本的意味

30条は，**納税の義務**を定めるとともに，**租税法律主義**（そぜいほうりつしゅぎ）（84条）を納税義務の側から規定したものである。

なお，本条がなくても，法律で制定すれば，納税義務を生じさせることができるし，逆に，本条のみで納税義務が発生するのでなく，法律で課税要件を具体的に規定しなければ税金を徴収（ちょうしゅう）することはできない。

他の国の憲法は？

ワイマール憲法第153条第3項

所有権は義務を伴う。その行使は，同時に公共の福祉に役立つべきである。

→この規定は，ドイツ連邦共和国基本法14条2項に承継されている。

▶2 租税法律主義については，202ページを参照。

▶3 42ページを参照。

第4編　第12講　奴隷的拘束・意に反する苦役からの自由／適正手続

> **第18条〔奴隷的拘束及び意に反する苦役からの自由〕**
> 　何人も，いかなる奴隷的拘束も受けない。又，犯罪に因る処罰の場合を除いては，その意に反する苦役に服させられない。
>
> **第31条〔適正手続〕**
> 　何人も，法律の定める手続によらなければ，その生命若しくは自由を奪はれ，又はその他の刑罰を科せられない。

1 奴隷的拘束及び苦役からの自由

　憲法は，18条ですべての自由の前提となる奴隷的拘束等からの自由について定め，31条以下において人身の自由に関する詳細な規定をおいている。**18条前段は奴隷的拘束を禁止し，後段は刑罰の場合を除き意に反する苦役を禁止**するものである。アメリカ合衆国憲法修正13条が原型とされる。奴隷的拘束とは，人身を売買して強制的に働かせる奴隷制はいうにおよばず，人格を否定するような拘束を含む。

2 適正手続

　31条は，人身の自由に関する冒頭の規定に位置し，その基本原則を定めるものである。アメリカ合衆国憲法修正14条（デュー・プロセス〔適正手続〕条項）に由来する。アメリカにおいて，この規定は，当初，正規の刑事裁判手続の保障（特に陪審による起訴と陪審裁判）を意味したが，その後，民事裁判や行政手続の適正をも要求するものであるとする考え方が生まれた。
　そして，その手続の適正の中核をなすものは，「**告知と聴聞**」であった（不利益な処分等をするには，事前に告知し，弁解・防御の機会を与えること）。さらに，裁判例を通して，この規定は

CHECK

▶1 「いかなる州も法の適正な過程（due process of law）によらずに，何人からも生命，自由または財産を奪ってはならない」。アメリカ合衆国憲法は，『新解説世界憲法集』（初宿正典，辻村みよ子著　三省堂）p.85 より。

手続に限らず，実体面（すなわち，法律の内容的側面）の適正をも保障したものと解釈されるようになった。アメリカの連邦裁判所はデュー・プロセス条項を根拠に，州の社会経済立法を無効とする判決を連発した（この理論を「実体的デュー・プロセス」という）。しかし，裁判所がローズヴェルト大統領のニューディール政策の時期に，社会経済立法に関する州の判断を尊重する方向へ舵を切ったため，社会経済立法に対する実体的デュー・プロセスは下火になった。ところが，1970年代になると，裁判所は，憲法に明示の規定のないプライバシーの権利を基礎づけるための根拠条文としてこの規定を援用し，実体的デュー・プロセスの考え方が別のかたちで復活した。

このようなアメリカにおける解釈論が日本にも影響を与えた。すなわち，本条は，「手続を法律で定めよ」ということのみならず，①法律で定める手続が適正でなければならないこと（その適正な手続の主なものが，33条から39条までの条項に具体的に定められている。本条は，前述の「告知と聴聞」を保障している），②手続のみならず，実体規定も法律で定めなければならず（これを「罪刑法定主義」という），③法律で定める実体規定も適正でなければならないことを意味すると解釈されている。実体規定の適正とは，具体的には，規定の明確性（何を犯罪とするのかを明確に規定すべきこと），処罰根拠が合理的であること，罪と刑が均衡していることなどをいう。

3 適正手続をめぐる事件
(1) 第三者所有物没収事件

密輸犯罪の処罰として，関連する貨物や船舶を没収する際に，その貨物に犯人以外の第三者の貨物が混じっていたという事案について，最高裁判所（昭和37〔1962〕年11月28日）は，所有物を没収される第三者に告知，弁解，防御の機会を与えないことは，憲法29条（財産権の保障），及び本条に反すると判決した。

▶2 例えば，この規定の「自由」は契約の自由をも含むと解釈し，パン製造労働者の労働時間を制限する州の法律は，工場と労働者の労働契約への不合理な干渉として，無効とされた。

▶3 51ページのプライバシーに関する記述を参照。

▶4 **手続規定と実体規定**：手続規定とは，捜査の手続や，証拠調べのルールを含む公判期日の運営の在り方を規律するものである。これに対し，実体規定とは「人を殺した者は，死刑又は無期若しくは5年以上の懲役に処する。（刑法第199条）」のように，罪と罰を定める条項のことである。

101

これを受けて，国会は，没収処分として犯人以外の第三者の所有物を没収する手続を定める特別の法律を制定した。

(2) 広島市暴走族追放条例事件

暴走族の集会行為等の排除を狙った広島市の条例（広島市暴走族追放条例）では，「暴走族」の意味を定めたうえで，保護者，学校等に少年が暴走族への加入を阻止し，離脱させる努力義務を課すとともに，「何人も」公共の場所でその場所の管理者等の許可を得ないで，公衆に不安又は恐怖を覚えさせるような集会を行うことをしてはならないなどと禁止し（16条1項1号），違反行為が特攻服を着用するなどして威勢を示すことにより行われたときは，市長はこれを中止し，退去する旨の命令を発することができるとし（17条），その命令の違反について罰則をおいていた（19条）。

本条例違反の刑事裁判において，被告が本条例の処罰範囲は広汎すぎ，集会の自由（21条1項）や適正手続（31条）に反すると主張した。

これに対し，最高裁判所（平成19〔2007〕年9月18日）は，条例16条1項1号及び17条の表現の仕方だけをみると規制対象が広すぎて問題があるとしながらも，条例全体の内容・構造からみて，禁止・命令の対象は暴走族による集会行為に限定されていると解釈し得るから，処罰範囲が広汎すぎることはないなどとして，憲法の規定に違反しないと結論づけた。

4 行政手続への適用

本条は，条文上，刑事手続に関する規定であるが，学説上，許認可の取消しなどの不利益行政処分への適用又は準用を探る営みが続けられた。現在では，行政手続法において，行政庁が，不利益処分をしようとするときは，原則として意見陳述の機会を付与することが義務づけられている。

▶5 裁判例においても，成田新法事件（新東京国際空港の安全確保に関する緊急措置法に基づき規制区域内の建築物・工作物の使用禁止命令を受けた者がその命令の取消しを求めた事件）に関する最高裁判所（平成4〔1992〕年7月1日）は，一定の限定を付したうえで，31条が行政手続に適用され得ることを認めた。

第4編　第13講　被疑者の権利

> **第33条〔逮捕の要件，令状主義〕**
> 　何人も，現行犯として逮捕される場合を除いては，権限を有する司法官憲が発し，且つ理由となつてゐる犯罪を明示する令状によらなければ，逮捕されない。
>
> **第34条〔抑留・拘禁の要件〕**
> 　何人も，理由を直ちに告げられ，且つ，直ちに弁護人に依頼する権利を与へられなければ，抑留又は拘禁されない。又，何人も，正当な理由がなければ，拘禁されず，要求があれば，その理由は，直ちに本人及びその弁護人の出席する公開の法廷で示されなければならない。
>
> **第35条〔住居侵入・捜索・押収の要件〕**
> 1　何人も，その住居，書類及び所持品について，侵入，捜索及び押収を受けることのない権利は，第三十三条の場合を除いては，正当な理由に基いて発せられ，且つ捜索する場所及び押収する物を明示する令状がなければ，侵されない。
> 2　捜索又は押収は，権限を有する司法官憲が発する各別の令状により，これを行ふ。

1 条文の基本的意味

　33条は，現行犯逮捕の場合を除き，**被疑者の逮捕**について，司法官憲（裁判官のこと）の発する**令状**（**逮捕状，勾引状，勾留状**）を必要としたものである。

　逮捕自体は，捜査機関の職務執行であるが，同時に重大な人権の制限でもあるから，捜査機関の判断に委ねるのでなく，裁判官が公平な立場で，その必要性を判断することとした。これを「**令状主義**」▶2という。

　そして，現行犯逮捕の場合を令状主義の例外とするのは，現に

用 語

▶1 **被疑者**
　捜査機関から犯罪を犯したとの疑い（嫌疑）をかけられ，捜査対象となっているが，まだ公訴を提起されていない者。

103

犯罪が行われているので，恣意的な逮捕にならないからである。

次に**34条は**，被疑者としての**抑留又は拘禁**について，その**理由**を**直ちに告知**されるべきこと，及び**弁護人選任権**が保障されることを規定し，さらに拘禁の理由について，要求があれば本人及び弁護人の出席する公開法廷で示されるべきことを規定している。「抑留」とは，逮捕後一時的に身柄を拘束することをいい，「拘禁」とは，比較的長期の身柄拘束を指す。現行刑事訴訟法の「留置」が抑留に，「勾留」が拘禁に対応すると解釈されている。

なお，本条は身柄拘束中の被疑者についての弁護人選任権を保障しているが，刑事訴訟法では，身柄を拘束されていない被疑者についても弁護人選任権を保障している。

CHECK

▶2 逮捕等に裁判官の発する令状を要件とするのは，司法の政府からの独立を前提としている。

用語

▶3 不可侵
侵されないこと。侵害されないこと。

■逮捕状の見本■

逮捕　状(通常逮捕)		
被疑者	氏　　　名 年　　　齢 住　　　居 職　　　業	年　月　日生
罪　　　　　名		
被疑事実の要旨	別紙の通り	
引致すべき場所		
有　効　期　間	平成　年　月　日　まで	

有効期間経過後，この令状により逮捕に着手することができない。この場合には，これを当裁判所に返還しなければならない。

有効期間内であっても，逮捕の必要性がなくなったときは，直ちにこれを当裁判所に返還しなければならない。

上記の被疑事実により，被疑者を逮捕することを許可する。

平成　　　年　　　月　　　日

　　　　　　　裁判所

　　　　　　　裁判官

請求者の官公職氏名	
逮捕者の官公職氏名	
逮捕の年月日時 及　び　場　所 記　名　押　印	平成　年　月　日　午　　時　　分 　　　　　　　　　　　　　で逮捕
引致の年月日時 記　名　押　印	平成　年　月　日　午　　時　　分
送致する手続をした 年　月　日　時 記　名　押　印	平成　年　月　日　午　　時　　分
送致を受けた年月日時 記　名　押　印	

第13講 被疑者の権利

　35条は，住居等の不可侵を定め，逮捕と同様に，原則として令状主義を定めている。例外として，①正当な理由に基づいて発せられ，かつ捜索する場所及び押収する物を明示した令状による場合と，②33条の場合が規定されている。

　②の33条の場合とは，「不逮捕の保障の存しない場合」を指す（最高裁判所判例）。つまり，現行犯逮捕の場合と令状逮捕の場合の両者を含み，いずれの場合も逮捕理由に関連する捜索・押収に関する限り，捜索・差押令状を要しない。

> **用語**
>
> ▶4 押収
> 「押収」とは，裁判所や捜査機関が，証拠物や没収すべき物を占有したり，確保する強制処分。なお，これらに関する令状を，刑事訴訟上，捜索差押令状という。

〔刑事訴訟手続と人身の自由に関する規定〕

| 事件発生（捜査） | ⇒侵入・捜索・押収に関する令状主義（35条） |

| 逮　捕 | ⇒逮捕に関する令状主義（33条）
　　　　※起訴されるまでは「被疑者」という。 |

　なお，逮捕後の時間の制約は，検察官への身柄送致まで48時間 ＋ 身柄送致を受けてから勾留請求まで24時間の72時間。

| 勾留請求 | ⇒勾留（拘禁）⇒令状主義（34条） |

　なお，勾留は最長10日で，勾留延長も最長10日まで。

| 起　訴 | ⇒裁判を受ける権利（32条）　※起訴後は「被告人」という。 |

　（1）裁判を受ける権利
　　　⇒①公平な裁判所　②迅速な裁判　③公開裁判（37条1項）

　（2）遡及処罰の禁止（39条）

　（3）刑事被告人の権利
　　　⇒①証人審問権（37条2項）
　　　　②弁護人依頼権（37条3項）
　　　　③自己負罪拒否（38条1項）
　　　　④自白の証拠能力の制限（38条2項3項）

| 有罪判決 | ⇒残虐な刑罰の禁止（36条） |

| 無罪判決（再審後無罪） | ⇒刑事補償請求権（40条） |

105

第 2 編　第 14 講　刑事被告人の権利

> **第 37 条〔刑事被告人の権利〕**
> 1　すべて刑事事件においては，被告人は，公平な裁判所の迅速な公開裁判を受ける権利を有する。
> 2　刑事被告人は，すべての証人に対して審問する機会を充分に与へられ，又，公費で自己のために強制的手続により証人を求める権利を有する。
> 3　刑事被告人は，いかなる場合にも，資格を有する弁護人を依頼することができる。被告人自らこれを依頼することができないときは，国でこれを附する。

1 公平な裁判所の迅速な公開裁判

　憲法は，国民の「裁判を受ける権利」及び「裁判の公開の原則」をそれぞれ定めているが（32 条，82 条），それらとは別に「**刑事被告人**」の権利保障のため本項を設けた。

　まず，「**公平な裁判所**」とは，**裁判体の人的構成その他において偏りのおそれのない裁判所**のことである。裁判所を構成する裁判官が被害者の近親者である等，当該刑事事件について予断・偏見を有しているような場合に"偏り"の疑いが生ずる。そこで，刑事訴訟法では，裁判官を除斥▶1，忌避▶2 することができる制度が設けられている。

　また，本項が「**迅速**」な裁判を保障しているのは，「裁判の遅延は正義の拒否に等しい（justice delayed justice denied）」からである。すなわち，刑事事件について審理が著しく遅延すると，長期間，有罪か無罪かが未定のまま放置されて，被疑者は有形無形の社会的不利益を受けるし，関係者の記憶も薄れ，証拠も散逸する等のデメリットがある。これでは事案の真相を明らかにして，罪なき者を罰せず，罪ある者を逃さないという刑事司法の理念が

用語

▶1 除斥
　裁判官等が，事件やその当事者と特殊な関係にある場合，裁判の公正を期するため，その事件の職務執行ができないものとすること。

▶2 忌避
　訴訟に関して，裁判官等に不公正なことをされるおそれのある場合，当事者の申立てによって，その者を事件の職務執行から排除すること。また，その申立てをすること。

達せられないこととなるのである。

そして、「**公開裁判**」とは、国民が自由に傍聴することができる裁判をいう。

一般国民の自由な傍聴を保障し、その下に裁判が行われることで、恣意的な裁判を排除し、それが結果として国民の権利と自由を保護するとの考えから規定された、重要な原則である。

❷ 証人審問権・証人喚問権

37条2項は、証人審問権と証人喚問権を規定した。証人審問権は、被告人に自分に不利益な証人に対する反対尋問権を保障するものである。

この趣旨から、刑事訴訟法では反対尋問を経ない、いわゆる伝聞証拠の証拠能力を、原則として否定する（同法320条1項）。

また、証人喚問権は、自分に有利と考える証人について、法廷で強制力をもって証言させるものである。

❸ 弁護人依頼権・国選弁護人権

弁護人選任権に関しては、「**被疑者**」の「抑留又は拘禁」について保障されることが34条に規定されているが、本条は「**被告人**」の弁護人選任権を規定したものである。検察官が被疑者を処罰すべき旨を裁判所に請求すると（これを「起訴」という）、以後、その者は「被告人」と呼ばれる。

私費（自分のお金）で弁護人に刑事弁護を依頼できない被告人については、国費で裁判所が弁護人を選任するが（国が弁護人としての報酬を弁護士に支給する）、これを国選弁護人という。

❹ 被疑者弁護の拡充（当番弁護制度・被疑者国選）

捜査機関は、被疑者の身柄を拘束した場合、一定の時間的制約の中でその取調べを行い、自白を得ようとする。捜査機関は、被疑者に自白させ、これを供述調書として記録し、内容を読み聞か

CHECK

▶3 2009（平成21）年5月から、殺人事件などの一定の重大事件について、国民の中から選任された6名の裁判員と3名の裁判官が一つの裁判体を構成し、刑事裁判を行う裁判員裁判が実施されている。この裁判が本条1項の「公平な裁判所」の裁判を受ける権利を侵害しないか争われた事件について、最高裁判所は、37条1項は、明治憲法24条の条文（裁判官の裁判を受ける権利）との比較や、憲法制定議会での議論を踏まえ、国民の司法参加を否定したものではないとした。

用語

▶4 反対尋問
　自己に不利益な証人の証言の信用性を落とし、又は弱めるための尋問をいう。

▶5 伝聞証拠
　証人が、他人から伝え聞いた事実を証言すれば、その証言は伝聞証拠である。また、被害者や関係者を取り調べた供述書面も伝聞証拠である。その事実を直接体験した者が法廷にいないので、反対尋問ができない。

せたうえで，署名押印をさせ，この自白調書を証拠として裁判所に提出するが，捜査機関は自白をとろうとして，長時間の取調べ，誘導，偽計（人をあざむく計画），強圧その他の方法を用いることがある。そのため無実の者がやってもいない犯罪を自供することがあるのだ。こう考えると「被疑者」の段階においてこそ，弁護人の助言を得ることが重要である。

そこで，各地の弁護士会はあらかじめ，日ごとの当番の弁護士を登録しておき，被疑者の要請に応じて，初回1回に限り，無料で警察署に駆けつけ，被疑者の権利や取調べに際しての留意事項等を助言する取組みをしている。これを当番弁護士制度という。

さらに，2006年に，一定の重大犯罪に限り，身柄拘束中の被疑者に，国費で弁護人を選任する被疑者国選の制度が創設された。当初，その対象犯罪は非常に限定されていたが，2009年5月からは「死刑又は無期若しくは長期3年を超える懲役若しくは禁錮にあたる事件」に拡大されている。

5 接見交通権

弁護人選任権は，被告人・被疑者が弁護人から法的助言を得ることを保障したものである。この保障は，被告人等が捜査機関に属する者の立会なく弁護人と面会し，協議し，法的助言を得ることによって全うされる。被疑者・被告人の家族等も勾留場所の接見室で面会することができるが，警察官又は拘置所職員が立ち会う。これに対し，弁護人との接見はこのような立会を排除して行うことができるので，秘密の協議が可能である。

そこで刑事訴訟法では，身柄拘束中の被告人等に接見交通権を保障している。

CHECK

▶6 本条の「被告人」とは，起訴前の被疑者を含むと解釈すべきであるとの考え方もある。

▶7 自白調書の証拠能力を覆すことは非常に困難である。

▶8 「無料で」とは，被疑者から報酬をもらわないということである。当番弁護士として出動した弁護士は，所属の各弁護士会から日当を支払われる。

▶9 被疑者がその弁護士を弁護人として選任しようという場合には，私選弁護人として選任する。

用語

▶10 禁錮
受刑者を監獄内に拘禁し，労働を強制しない刑罰のこと。なお，「懲役（ちょうえき）」とは，労働を強制される点で異なる。

第4編　第15講　自己負罪の拒否

第38条〔自己負罪の拒否〕
1　何人も，自己に不利益な供述を強要されない。
2　強制，拷問若しくは脅迫による自白又は不当に長く抑留若しくは拘禁された後の自白は，これを証拠とすることができない。
3　何人も，自己に不利益な唯一の証拠が本人の自白である場合には，有罪とされ，又は刑罰を科せられない。

1 条文の基本的意味

38条1項は，被疑者，被告人，証人等に対し，**不利益な供述（自分自身の刑事責任に結びつき，又はより重い刑罰を科される証拠となるような事実の供述）を強制されない**ことを保障している。これはアメリカ合衆国憲法修正5条の自己負罪拒否特権に由来する規定である。

不利益供述をさせるために拷問をすることが，本項の「強要」に該当することは当然であるが，不利益供述を避けた場合に処罰することも禁止される。

次に，**38条2項**は「強制，拷問若しくは脅迫による自白」や「不当に長く抑留若しくは拘禁された後の自白」は証拠とすることができないと定め，被疑者・被告人の**任意性のない自白の証拠能力**を**否定**している。

ここでの「証拠とすることができない」とは，その自白の信用性を割り引いて考えるということではなく，**そもそも証拠とすること自体を排除**することを意味する。

そして，**38条3項**は，たとえ2項のフィルターをくぐった証拠能力のある自白であっても，**自白だけでは不十分で，それを補強する別の証拠がなければ有罪とすることができない**とするもの

用語

▶1　**被告人**
犯罪の疑いを受けて公訴を提起（起訴）された者のこと。なお，「公訴」とは，検察官が刑事事件について裁判所の裁判を求める申立てのこと。

CHECK

▶2　この規定を担保するため，刑事訴訟法では，被疑者等の黙秘権を規定しており，また，刑事訴訟法198条2項では，捜査機関は被疑者に対して，黙秘権の「告知」をすべき旨定めている。

用語

▶3　**任意**
自由な意思に基づくこと。

である。これを「補強法則」という。

2 自己負罪の拒否をめぐる事件

医師法21条は「医師は，死体又は妊娠4月以上の死産児を検案して異状があると認めたときは，24時間以内に所轄警察署に届け出なければならない」と定める（これを「異状死の届出」という。届出義務違反は，50万円以下の罰金が科せられる）。点滴薬剤の取違えで患者を死なせた病院の医師が異状死体を検案したにもかかわらず，同条の届出をしなかったために起訴された事件について，最高裁判所（平成16〔2004〕年4月13日）は，本件届出義務は，届出人と死体とのかかわり等，犯罪行為を構成する事項の供述までも強制されるものではないとし，かつ，医師免許は，人の生命を直接左右する診療行為を行う資格を付与するとともに，それにともなう社会的責務を課するもので，このような届出義務は，医師免許に付随する合理的根拠のある負担であるとして許容されるとした。

3 冤罪事件

過去，冤罪が晴れて社会に戻った元死刑囚は，いずれも強引な取調べ等で自白を強要されたものであった。しかし，このような手法は過去に限られたものではない。

2003（平成15）年の統一地方選に関して，鹿児島県の志布志町で13名が買収容疑で逮捕された際，被疑者の孫に「早く正直なおじいちゃんになってください」と書かせた用紙を被疑者に踏ませようとするなど，現代版の踏絵が行われるといったような強引な手法により，取調べ段階で6名が自白したが，一転，公判段階で否認に転じた。

この点，鹿児島地方裁判所は，買収の場となった会合に関する被告人らのアリバイを認定するなどして，公判中に死亡した1名を除く12名全員について無罪判決を言い渡した。

CHECK

▶4 ここでの問題意識は，たとえその報告義務が刑事責任とは無関係の目的を有していたとしても，結果として，刑事責任を負いうる報告を求める以上，38条1項の「自己に不利益な供述」の「強要」に当たるのではないかということである。

用語

▶5 冤罪
罪を犯していないにもかかわらず，犯罪者として扱われること。

▶6 アリバイ
犯罪の疑いをかけられた被疑者が，犯行時間に犯行現場以外の場所にいたという証明事実。

第4編 第16講 遡及処罰の禁止・二重処罰の禁止

第39条〔遡及処罰の禁止，二重処罰の禁止〕
何人も，実行の時に適法であつた行為又は既に無罪とされた行為については，刑事上の責任を問はれない。又，同一の犯罪について，重ねて刑事上の責任を問はれない。

1 条文の基本的意味

本条前段の前半部分は，行為時に適法であった行為を，事後的に制定・改正した法によって，違法として処罰すること（これを**事後法**とか，**遡及処罰**という）を禁止するものである。

例えば，薬物規制法令で禁止薬物を指定し，その使用を処罰している場合に，その薬物に似通った別の薬物の使用が蔓延したとしよう。当局としては，その薬物を事後的に指定して既にされた行為を処罰したいと欲するかもしれないが，このような事後法は，本条前段前半に反し，許されないこととなる。

本条前段の後半部分（既に無罪とされた行為については…の部分）と後段部分については，その解釈に見解が分かれるが，①ある行為につき，無罪判決が確定した後に，同一行為について刑事上の責任を追及することはできないこと（**一事不再理の禁止**），及び②ある行為について処罰したうえで，さらに別の犯罪として処罰することはできない（**二重処罰の禁止**）を定めたものということができよう。

他の国の憲法は？
アメリカ合衆国憲法修正第5条
（前略）…何人も同一の犯罪について重ねて生命身体の危険に臨ましめられることはない。…（以下略）

アメリカ合衆国憲法は，『新解説世界憲法集』（初宿正典，辻村みよ子著　三省堂）p.83より

111

第4編　第17講　拷問及び残虐な刑罰の禁止

> **第36条〔拷問及び残虐な刑罰の禁止〕**
> 公務員による拷問及び残虐な刑罰は，絶対にこれを禁ずる。

1 条文の基本的意味

　近代以前には，被疑者から自白を得る手段として当局が拷問を用いた。日本では，旧刑法で拷問を犯罪として禁止していたが，実際には行われた事実がある。そこで，**憲法で特に拷問を「絶対に」禁止**した。

　次に，本条が禁ずる「残虐な刑罰」について，最高裁判所（昭和23〔1948〕年6月30日）は，「不必要な精神的，肉体的苦痛を内容とする人道上残酷と認められる刑罰」であるとしている。

2 死刑と「残虐な刑罰」

　死刑が残虐な刑罰に該当するかどうかについては争いがあるが，最高裁判所（昭和23〔1948〕年3月12日）は，火あぶり，はりつけ，さらし首，釜ゆでの刑のような残虐な執行方法による死刑は，本条が禁止するものとしつつ，憲法が死刑の存置を前提とすると読みうる規定を有していることを指摘し（13条，31条），憲法は，死刑の威嚇力によって犯罪を抑止するという一般予防の観点から，死刑の存置自体は是認したものであるとしている。

　死刑について，被害者遺族の応報感情，死刑制度が必要であるとする国民の法的確信，死刑の犯罪抑止力（一般予防）等を根拠として，これを存置すべきであるとする見解と，誤判の可能性（無辜〔無実〕の人を死刑に処した場合に取り返しがつかないこと），世界的な死刑廃止の潮流，死刑の非人道性等を理由にこれを廃止すべきであるとの見解が対立している。

CHECK

▶1 現在，死刑は，刑事施設内において，絞首して執行する（刑法11条1項）。

第4編 第18講 国務請求権

第16条〔請願権〕
何人も，損害の救済，公務員の罷免，法律，命令又は規則の制定，廃止又は改正その他の事項に関し，平穏に請願する権利を有し，何人も，かかる請願をしたためにいかなる差別待遇も受けない。

第17条〔国及び公共団体の賠償責任〕
何人も，公務員の不法行為により，損害を受けたときは，法律の定めるところにより，国又は公共団体に，その賠償を求めることができる。

第32条〔裁判を受ける権利〕
何人も，裁判所において裁判を受ける権利を奪はれない。

第40条〔刑事補償請求権〕
何人も，抑留又は拘禁された後，無罪の裁判を受けたときは，法律の定めるところにより，国にその補償を求めることができる。

1 国務請求権（受益権）

国務請求権とは，国に対し，裁判による紛争解決その他の一定の行為の提供を求める請求権である。

2 裁判を受ける権利

32条の裁判を受ける権利は，他人や国家権力から権利・自由を侵害された者が国に裁判的救済を求めることや，刑事事件について31条（適正手続）及び37条（刑事被告人の権利）と相まって，裁判所の裁判なく処罰されないことを，権利として保障するものである。

CHECK

▶1 私人と私人の間の紛争（民事事件）や，国や地方公共団体の処分を不服とする紛争（行政事件）の解決である。裁判は法と証拠に基づいて行うから，しっかりした証拠がないと権利の救済を得られないことがある。

3 国及び地方公共団体の賠償責任

17条は，国や地方公共団体の違法行為で損害を受けた者が賠償を求めることができることを規定したものである。これを国家賠償請求権という。

戦前の憲法体制の下では，公権力の行使から生じた損害については，賠償責任が否定されていた。本条はこれを転換したものである。本条を具体化する法律として国家賠償法が制定されている。この制度は，集団予防接種の際の注射器の連続使用でB型肝炎ウイルスに感染したことについて，国の責任を求める事件などで活用されている。

4 刑事補償請求権

40条は，刑事手続において身柄を拘束された者が裁判で無罪となった場合に，国の補償責任を発生させるものである。捜査官に過失があったかどうかを問わない。具体的には刑事補償法で定められている。

5 請願権

16条の請願とは，国や地方公共団体に対し，一定の苦情や希望を表明することである。戦前の憲法にも請願に関する規定が存在した。君主制の下において，請願は民衆にとっては権力者に救済を求めるための重要な手段であったが，国民の参政権や表現の自由が保障される政治体制の下で，請願が果たす役割は補助的なものとなっている。

官公署は，請願を受理し誠実に処理する義務を負うが（請願法5条），これに対して，具体的な回答をする義務が課せられているわけではない。

CHECK

▶2 大昔の「君主は悪事をなさず」という建前が，近代国家における「主権免除」（国家の不法行為免責）という考え方に継承されたといわれる。

▶3 島田事件の死刑囚は，再審で無罪判決が出て身柄釈放されるまで12,668日もの間，身柄勾留されていた。なお，身柄拘束の期間1日について1,000円から1万2,500円の範囲内で裁判所が補償額を定める。

▶4 明治憲法30条「日本臣民ハ相当ノ敬礼ヲ守リ別ニ定ムル所ノ規程ニ従ヒ請願ヲ為スコトヲ得」。

第4編　第19講　参政権

> **第15条〔公務員の選定罷免権，普通選挙，秘密投票〕**
> 1　公務員を選定し，及びこれを罷免することは，国民固有の権利である。
> 2　すべて公務員は，全体の奉仕者であつて，一部の奉仕者ではない。
> 3　公務員の選挙については，成年者による普通選挙を保障する。
> 4　すべて選挙における投票の秘密は，これを侵してはならない。選挙人は，その選択に関し公的にも私的にも責任を問はれない。

1 参政権の意義・条文の基本的意味

　参政権は，国民が選挙などを通じ，国や地方公共団体の政治に参加する権利であって，民主主義の運営のために不可欠の権利である。主権的権利とも呼ばれ，国民にのみ認められる権利である。

　憲法は，前文で「その権力は国民の代表者がこれを行使し」と規定し，国会を唯一の立法機関と定めて（41条），間接民主制（代表民主制）を採用している。したがって，憲法上，国民が代表者を通じてではなく，直接に一定の事項を決定する直接民主主義の制度も部分的に用意されてはいるが，両議院の議員などを選挙する選挙権が参政権の中でもとりわけ重要なものである。

　15条1項は，選挙をはじめとする公務員の選定・罷免に関する原則規定であるが，公務員のすべてを国民が直接に選び，やめさせるべきことを定めたものでなく，公務員の地位が究極的には国民の意思に基づくことを宣言したものである。

　2項では，その公務員は全体の奉仕者であって，一部の奉仕者ではないと規定した。この規定から，一党一派のために執務をしてはならないという，公務員が仕事をするうえでの基本的な原則が導かれる。

CHECK

▶1　外国人と地方参政権については，47ページを参照。

▶2　憲法改正国民投票（96条1項），地方自治特別法の住民投票（95条），最高裁判所裁判官国民審査（79条2項）である。

▶3　天皇の官吏の任免大権（明治憲法10条）からの転換である。

115

2 選挙権の基本原則

　憲法は，選挙に関する基本原則として，①普通選挙（15条3項），②平等選挙（14条，44条）及び③秘密選挙（15条4項）を規定した。

　普通選挙とは，歴史的には，選挙人の資格として保有資産や納税額などの財産的要件を要求しない選挙を意味したが，現在では，**すべての成人に選挙権を与える選挙をさす**のである。15条3項はこれを保障した。

　平等選挙とは，選挙人の投票の平等を求める原則である。したがって，**一人一票**を要する。さらに，一票の価値が異なるならば実質的には複数投票権を認めるに等しいので，現在では，さらに進んで，各人の投票価値は平等であることを要すると解される。

　秘密選挙とは，**だれに投票したかが秘密にされる選挙**をいう（15条4項）。自由な意思に基づく投票を確保するために必要な原則である。これを担保するため，公職選挙法では，投票用紙に候補者の氏名以外の他事を記載すると無効票となる旨を規定した（68条1項6号。投票確認を禁止するためである）。

3 選挙権の制限をめぐる事件

　1998年の制度改正までは，仕事などのために海外に居住する国民は選挙で投票することが認められなかった。国内に住所がないと，市町村が調製する選挙人名簿に登録されないためである。同改正で在外選挙人名簿を創設し，国政選挙についての投票が可能となったが，その対象は比例代表選挙に限定された。

　そこで，①国会が本改正時まで在外投票の立法措置をとることを怠ったことは違法であるとして国に賠償を求め，②さらに，次回の国政選挙において選挙区選挙への投票ができることの確認を求めるなどの請求がされた事件について，最高裁判所（平成17〔2005〕年9月14日）は，選挙の公正を害する罪を犯した者など，その選挙権を制限することなしには選挙の公正を確保しつつ

CHECK

▶4 この他，憲法は，地方公共団体の長・議会議員について直接選挙を明示している（93条2項）。

▶5 日本では直接国税の納税額で選挙権を制限していた（制限選挙）。一般には，1925年に普通選挙が実現したといわれるが，これは25歳以上の男子による選挙を意味していた。

▶6 普通選挙といっても，国民主権の建前があるので，この規定は外国人を対象とするものではない。

▶7 62ページを参照。

▶8 公職選挙法の一部改正のこと。

▶9 住民票と連動している。同一市町村に3か月以上居住して初めて選挙人名簿に登載される。

▶10 2000年5月1日以後の選挙について実施された。

第 19 講 参政権

選挙権の行使を認めることが事実上不能ないし著しく困難といえる場合でない限り、選挙権の行使を制限できないという、厳格な判断枠組みを示し、その請求を認容した。この判決を受けて、国会は、2006年に公職選挙法を改正し、在外投票を選挙区選挙に拡大した。

最高裁判所の考え方は、下級裁判所に影響を及ぼし、2013年3月14日には、東京地方裁判所が成年被後見人の選挙権を否定する公職選挙法の規定を違憲とする判決をした。これを受けて、同年、公職選挙法が改正され、この規定が削除された。

> **CHECK**
> ▶11 2007年6月1日以後の選挙について実施。

> **用語**
> ▶12 成年被後見人
> 認知症などのため常時判断能力を欠く者として家庭裁判所の審判（裁判）を受けた者のこと。

選挙制度が変わりました

平成25年5月、成年被後見人の選挙権の回復等のための公職選挙法等の一部を改正する法律が成立し、公布されました。
成年被後見人の選挙権の回復とともに、選挙の公正な実施確保のための改正も行われました。

> 上記最高裁判所の判例を受けて、改正公職選挙法が公布された告知部分。

指定病院等の不在者投票における外部立会人の努力義務化

- 今回の改正により、指定病院等の不在者投票管理者には、市区町村の選挙管理委員会が選定した外部立会人を立ち会わせる等の不在者投票の公正な実施確保の努力義務が設けられました。
- 国政選挙においては、外部立会人に要する経費については、国費により措置されます。

指定病院等の不在者投票
都道府県の選挙管理委員会が指定した病院、老人ホーム等（指定病院等）においては、入院・入所者が病院長等の不在者投票管理者の下で投票を行うことができます。

（事務の詳細は裏面をご確認ください）

代理投票における補助者の見直し

- 今回の改正により、代理投票の補助者は、投票事務に従事する者に限定されることとなりました。

代理投票
心身の故障その他の事由により、自ら投票用紙に候補者の氏名等を記載することができない場合に、その選挙人本人の意思に基づき、補助者が代わって投票用紙に記載する制度です。

成年被後見人の方の選挙権の回復

- 平成25年7月以降に公示・告示される選挙から、成年被後見人の方は、**選挙権・被選挙権**を有することとなりました。
この夏に実施される参議院議員通常選挙では投票することができます。

> 成年被後見人に選挙権が回復した旨の告知部分。

詳しくは総務省ホームページをご覧ください
(http://www.soumu.go.jp/senkyo/senkyo_s/news/touhyou/seinen/index.html)
総務省

成年被後見人の選挙権が回復された告知

第 4 編　第 20 講　生存権

> 第 25 条〔生存権〕
> 1　すべて国民は，健康で文化的な最低限度の生活を営む権利を有する。
> 2　国は，すべての生活部面について，社会福祉，社会保障及び公衆衛生の向上及び増進に努めなければならない。

1 条文の基本的意味

表現の自由をはじめとする自由権が「国家からの自由」を求めるものであるのに対し，生存権をはじめとする社会権は，福祉国家の理念に基づき，社会的経済的弱者を保護し，実質的平等を図るために，国家の積極的役割（「国家による自由」）を求めるものである。

まず，1 項は，すべて国民が人間に値する生活を営むことができることを権利として保障しており，同項が定める健康で文化的な最低限度の生活を営む権利を「生存権」という。ただし，そもそも，この規定の法的性格が問題となっている（この点は，次の「2 生存権の法的性格」を参照）。

そして，2 項は，1 項の趣旨を実現するために，国が福祉国家として，社会権の実現のための制度設営等について努力すべき義務を定めたものである。

2 生存権の法的性格

自由権規定であれば，公権力が自由権を侵害した場合に，国民は，その規定を援用して裁判所に救済（侵害の排除）を求めることができる。その意味で自由権は具体的な権利規定である。

これに対し生存権は，国に対して，制度を設営し，生活保護等一定の給付その他の積極的行為を求めるものである。そして，実際に国民が，国の給付その他の積極的行為が不足しているとして，

用語

▶1　国家からの自由
41 ページを参照。

▶2　福祉国家
41 ページを参照。

▶3　法的性格
本項は「…生活を営む権利を有する」と定めるが，その「権利」の具体性の度合い又は存否が問題となっている。

▶4　具体的に言えば，生活保護法，社会保険関係法令，雇用保険法等の整備及びこれに基づく施策である。

裁判所に救済（不足分を給付せよ）を求めるためには「健康で文化的な最低限度の生活」の意味が具体的に確定していなければならない。

しかし、「健康で文化的な最低限度の生活」という内容は具体的に確定しているものでもなく、これを定めるのは国会の役割であるとして、25条は国民の生存を確保すべき政治的・道義的責任を定めたものにすぎず、国民に対し具体的権利を定めたものではないとする考え方がある。この考え方の下では、裁判所が「不足分を払え」と命ずることは権限逸脱になる。

この見解に対して、25条は国に対し、立法措置及び予算の手当てを通じて、生存権を実現すべき法的義務を課したものであるとして、これに権利性を認めつつも、生存権は立法府の立法措置によって初めて具体的な権利となるという考え方がある（抽象的権利説）。

さらに、国の給付があまりに低い水準にとどまる場合には、生存権を実現すべき法的義務を履行していないとして、その国の行為（又は行為しないこと）は裁判所の審査の対象となるという結論を導くことを志向する具体的権利説が唱えられている。

3 生存権をめぐる事件

(1) 朝日訴訟

生活保護法に基づく扶助が低すぎるとして、この規定が憲法違反であると争った事件である。具体的には、1956年当時、生活保護法に基づく扶助月額が600円と定められていたが、それでは生活できないとして近親者から仕送りをしてもらっていたところ、その仕送り分を扶助額から控除する処分がされ、この不服申立てを却下した厚生大臣の裁決の取消しを求めた裁判である。原告の名前（朝日茂）から、「朝日訴訟」と称される。

この点、最高裁判所（昭和42〔1967〕年5月24日）は、25条1項はすべての国民が健康で文化的な最低限度の生活を営み

CHECK

▶5 このような考え方を「プログラム規定説」という。

▶6 抽象的権利説は、憲法の生存権規定に権利性を認めつつも、実際に「法律」の形で規定されるまでは、憲法の規定を根拠に具体的な請求を認めない考え方である。

用語

▶7 扶助
生活困窮者に対して行う、日常生活に必要な経費などの支給をいう。

▶8 控除
差し引くこと。

得るように国政を運営すべきことを国の責務として宣言したにとどまり，直接個々の国民に対して具体的権利を付与したものではないとし，さらに健康で文化的な最低限度の生活は，抽象的な相対的概念であり，その認定判断は，厚生大臣の合目的的な裁量に委されており，その判断は当不当の問題として政府の政治責任が問われるものの，直ちに違法の問題を生ずることはないとした。

(2) 堀木訴訟

障害福祉年金の受給者が，重ねて児童扶養手当の受給資格の認定も求めたところ，児童扶養手当法の併給禁止規定に該当するとして却下されたため，かかる併給禁止規定が25条に違反するとして訴えた裁判である。

この点，最高裁判所（昭和57〔1982〕年7月7日）は「健康で文化的な最低限度の生活」の具体的内容は，時々における文化の発達の程度，経済的・社会的条件，一般的な国民生活の状況等との相関関係において判断決定されるべきものであるとし，立法として具体化するには，「国の財政事情を無視することができず」，「複雑多様な，しかも高度の専門技術的な考察とそれに基づいた政策的判断を必要とする」として，「立法府の広い裁量にゆだねられて」いるとした。

他の国の憲法は？

ドイツ連邦共和国基本法第20条第1講
ドイツ連邦共和国は，民主的かつ社会的な連邦国家である。

➡ 社会国家の理念を宣言するにとどまり，生存権規定をもたない。
なお，アメリカ合衆国憲法も，生存権規定をもたない。

用語

▶9 合目的的
物事が一定の目的にかなうこと。

▶10 政治責任
政治家が自らの政治行動の結果に対して問われる責任のこと。具体的には世論の批判にさらされたり，次回の選挙で落選することなど。

CHECK

▶11 (1) の朝日訴訟については，原告が訴訟中に死亡し，相続人が訴訟を承継した。最高裁判所は，生活保護法上の扶助を受ける権利は相続の対象とならないとして訴えを却下しつつ，「念のため」として裁判所の見解を付加したものであった。

ドイツ連邦共和国基本法は，『新解説世界憲法集』（初宿正典，辻村みよ子著　三省堂）p.179 より

第4編　第21講　教育を受ける権利

> **第26条〔教育を受ける権利・義務，義務教育の無償（むしょう）〕**
> 1　すべて国民は，法律の定めるところにより，その能力に応じて，ひとしく教育を受ける権利を有する。
> 2　すべて国民は，法律の定めるところにより，その保護する子女（しじょ）に普通教育を受けさせる義務を負ふ。義務教育は，これを無償とする。

1 条文の基本的意味

　教育は，子どもが自分で物事を考え，自分の生き方を切り開いていく個人として成長・発達するとともに，主権者として自由かつ独立の精神を具（そな）えた者となるために必要な知識，教養を修得するのに必要である。

　女性であるというだけで教育を受けることができない社会の悲惨さ，ダーウィンの進化論などの科学的事実を教えることを拒む社会で成長することの弊害（へいがい）を考えると，教育の重要さが痛感される。

　そこで，**本条1項は，子どもが教育を受ける権利を有し，これに対応して，国が公教育（こうきょういく）を整備し，提供すべきことを義務づけたもの**である。

　そして，2項は，子どもに対する**基礎的教育である普通教育の絶対的必要性**にかんがみ，親に対し，その子女に普通教育を受けさせる義務を課し，かつ，その費用を国において負担すべきことを規定した。

2 教育内容の決定権

　近代以後，国家は子どもに平等な教育を提供する公教育を営（いとな）んでいる。国民一人一人の基礎的な知識や能力が社会全体の経済的・文化的発展の基盤をなすからである。

CHECK

▶1　1968年に，アメリカ連邦最高裁判所は，進化論を教えることを禁ずるアーカンソン州の法律を合衆国憲法に違反し，無効とする判決を出した。

しかし，戦前の日本の教育は，「国家による強い支配の下で形式的，画一的に流れ，時に軍国主義的又は極端な国家主義的傾向を帯びる面があった」（後掲最高裁判所判決）。

すなわち，当時の神勅天皇制に関する考え方にそぐわない歴史教科書が，帝国議会で問題とされて廃棄処分にされ，陸軍から文部省に対し国家総力戦遂行の観点から軍国美談に関する記載を国語教科書に盛り込むよう圧力がかかった。

戦後においても，教科書検定の問題をめぐり，教科書執筆者や教員等と国（文部科学省〔旧文部省〕）との鋭いせめぎ合いや，日中間・日韓間の政治問題を生じたほか，教育の基本的方向を定める教育基本法の改正が重要な政治問題となるなど，教育は，政治からの干渉を受け，又は政治との緊張関係に晒されやすい領域である。教育の在り方・内容が，将来世代の国民の歴史観やものの見方を左右する部分があるからである。

そこで，子どもに対する教育の責務を負う者，ひいては，教育の在り方・内容について決定権の所在が，教科書検定訴訟や旭川学力テスト訴訟において重要な争点となって，「国の教育権」説と「国民の教育権」説が衝突した。

前者は，教育の責務は国が負い，特に初等・中等教育においては，内容の画一化の要請があるので，国が教育内容について関与・決定する権能を有するという考え方である。この考え方の下では，国が教育や教科書の内容に大幅に制約を課すことが許される。これに対し，後者は，子どもを教育する責務は，親と親から信託を受けて日々子どもと接する教員が負い，日々子どもに接して教育に携わる教員の教育の自由が不可欠となるから，国は教育の施設や教員等の資源を整備する責任を負うが，教育内容に介入することは許されないとするものである。

この論争に決着をつけたのが，旭川学力テスト訴訟についての最高裁判所の判決である（昭和51〔1976〕年5月21日）。この事件は，全国一律の学力テストの実施が，教育内容の国家統制

▶2 71ページを参照。

第 21 講　教育を受ける権利

を図るものであるとして、これに反対する教員が実力でこれを妨害し、公務執行妨害罪等で起訴された事件である。

同判決は、前記の 2 つの見解のどちらをも極端かつ一方的として否定し、**一定の範囲において親や教員の子どもに対する教育の自由と責任を認めつつ**、それ以外の領域において、国は「子ども自身の利益の擁護のため、又は子どもの成長に対する社会公共の利益と関心にこたえるため、**必要かつ相当と認められる範囲において、子どもの教育内容を決定する権能を有する**」とした。

他方で、個人の基本的自由を認め、その人格の独立を国政上尊重すべきものとしている憲法の下においては、子どもが自由かつ独立の人格として成長することを妨げるような国家的介入、例えば、誤った知識や一方的な観念を子どもに植えつけるような内容の教育を施すことを強制するようなことは、本条や 13 条の規定から許されないとした。

3 義務教育の無償

本条 2 項後段の保障する義務教育の「無償」の意味について、最高裁判所（昭和 39〔1964〕年 2 月 26 日）は、教育の対価である授業料を徴収しないことを定めたものと理解し、教科書の代金は、憲法が保障した無償には含まれないとしている。

この解釈によれば、仮に教科書の代金を徴収したとしても違憲ではないが、実際には、法律に基づき、義務教育の教科書は無償で配付されている。なお、諸外国においても、教科書を無償とするものが大勢を占めている。

▶3 判決は、親については家庭教育や学校選択の自由を、教員については私学教育における自由などを挙げている。しかし、結論的には、本文に示すとおり、国の教育内容への広汎な介入権を容認するものである。

▶4 特に、社会科において、子どもに一方的な観念を刷り込むような教育をするよう強制することは戒められるべきである。

▶5 義務教育諸学校の教科用図書の無償措置に関する法律。

123

第4編 第22講 勤労の権利及び労働基本権

> **第27条〔勤労の権利，児童酷使の禁止〕**
> 1　すべて国民は，勤労の権利を有し，義務を負ふ。
> 2　賃金，就業時間，休息その他の勤労条件に関する基準は，法律でこれを定める。
> 3　児童は，これを酷使してはならない。
>
> **第28条〔団結権，団体交渉権〕**
> 　勤労者の団結する権利及び団体交渉その他の団体行動をする権利は，これを保障する。

1 条文の基本的意味

(1) 勤労の権利・義務

　27条1項は，国民が勤労の機会を得られるよう，国にそのような**雇用政策を実施すべきこと**を定めるもので，社会権に属する。個々の国民に具体的な権利を保障したものではない。そして，就労しようとしても（就労の義務），勤労の機会を得られず失業した場合には，失業者に対し生活配慮すべきことを含んでいる。
　勤労条件を労使の私的自治に委ねると，弱い立場にある労働者は劣悪な条件を受諾せざるをえなくなる。そこで，**27条2項**では契約自由を制限し，**勤労条件の最低基準を法定**することを定めた。
　これを受けて，最低賃金法，労働基準法等が制定されている。これらの基準の範囲内で，労使は契約自由の原則の下で労働条件を交渉し，締結することができるが，個々の勤労者が使用者と対等に交渉することはできない。そこで，28条で労働基本権を保障したのである。
　また，**27条3項**は，児童が低賃金で長時間酷使された歴史を踏まえ，**児童の酷使を禁止**したものである。これを受けて，労働

CHECK
▶1　41ページを参照。
▶2　私的自治は，44ページを参照。
▶3　「安い賃金で働く者は，ほかにもいくらでもいる」などと，買い叩かれうる。

基準法の年少者の保護に関する規定や児童福祉法が定められた。

(2) 労働基本権

28条は，法律で定める勤労条件の基準の範囲内で労使の交渉に委ねられた部分について，**労働者に使用者（企業）との対等な交渉力を確保**するため，**団結権・団体交渉権・争議権**を認めたものである。

団結権とは，労働組合を結成する自由である。また，団体交渉権とは，労働条件に関する交渉を勤労者が企業と個別に行うのでなく，団体として行うことを権利として認めるのである。

そして，28条の「団体行動をする権利」の中核は，労働者が企業に要求を受諾させるための争議権であり，具体的には，ストライキや怠業（サボタージュ）である。以上を総称して労働基本権という。

労働者のこれらの行為は，近代社会においては，契約自由の原則や企業の営業の自由を侵害するものとして禁止され，違反について民事責任（損害賠償）や刑事責任（威力業務妨害等）を追及されるのが一般であった。本条はこれらの行為を憲法上の権利として保障し，国にそのための法的整備をすることを義務づけたものということができる。これを受けて，労働組合法が定められ，争議行為の免責が規定されている。

> **CHECK**
> ▶4 工場における製造活動などの経済活動を滞らせるものとして，資本家から敵視された。

2 労働基本権をめぐる事件

(1) 公務員の労働基本権の制限

公務員も28条の「勤労者」であるから，労働基本権を有する。しかし，官公署の事業について争議等が行われると，社会的影響が大きいこと等から，公務員関係については法律によって，労働基本権が広範に制限されている。

この点，公務員の争議権を法律をもって一律に制限していることに正当性があるか等については，次の(2)で述べるように争いがある。

〔各種公務員と有する労働三権〕

職　種	団結権	団体交渉権	争議権
警察職員，消防職員，自衛官等	×（禁止）	×	×
非現業の一般公務員 ▶5	○	△（一部制限）	×
現業公務員 ▶6	○	○	×

(2) 労働基本権をめぐる事件

　最高裁判所は，当初，争議で職場を離れた郵便職員を郵便法違反の教唆罪で起訴した事件である「全逓東京中郵事件」や，ストライキの指令をした教員組合幹部を地方公務員法の「あおり」罪で起訴した事件である「都教組事件」について，公務員の労働基本権を尊重し，その制限は，国民生活全体の利益の保障という見地からの内在的制約のみが許されるなどと説き，処罰規定を限定解釈して，起訴された行為は処罰対象に含まれないとした。

　しかし，その後，最高裁判所は，警察官職務執行法の改正案に反対するなどとして，労働争議のあおり（煽動）行為を行った組合幹部が，国家公務員法違反の罪で起訴された農林警職法事件において，判例を変更し，公務員の争議行為の一律禁止も憲法違反ではないとし，今日に至っている。

　この判決の中で，最高裁判所は，①公務員の地位の特殊性・職務の公共性を根拠として，公務員の労働基本権に対し必要やむをえない限度の制限を加えることは，合理的な理由があること，②公務員の勤務条件は国会が制定する法律や予算に規律されるのであって，政府に対し争議行為をすることは的外れで正当ではないこと，③労働基本権の制約の代償措置として，人事院が設けられ，勤務条件に関し，人事院に対し行政措置要求をし，不利益処分について人事院に対し審査請求をする途が用意されているなどと説いた。

CHECK
▶5 例えば，中央省庁の官僚など。

▶6 特定独立行政法人の労働関係に関する法律が適用される職員など。例えば，国立病院機構の職員。

用語
▶7 教唆
　教唆とは，犯罪行為をするようにそそのかすこと，犯意を生じさせるようはたらきかけることである。

改めて知る

立憲主義とは何か
日本国民のための日本国憲法

第5編

統治機構・地方自治

「人々は、互いの闘争状態（とうそうじょうたい）から身を守るために自らを統治（とうち）する権利を譲渡（じょうと）し、大怪物（だいかいぶつ）（リヴァイアサン）をつくった」（ホッブズ『リヴァイアサン』）

ホッブズがリヴァイアサンと名づけたもの、それは、国家である。大怪物であるからこそ、国民に牙をむくことを排除（はいじょ）するため、権力分立（けんりょくぶんりつ）が決定的に重要である。

第5編　第1講　権力分立

> 「もし，同一の人間，または貴族か人民のうちの主だった者の同一団体がこれらの三つの権力，すなわち法律を定める権力，公共の決定を実行する権力，罪や私人間の係争を裁く権力を行使するならば，すべては失われるであろう」（モンテスキュー著「法の精神」）。
>
> **フランス人権宣言（1789年）第16条**
> 権利の保障が確保されず，権力の分立が定められていないすべての社会は，憲法をもたない。

1 権力分立の基本的な意味

　日本国憲法の統治機構に関する部分は，他の近代立憲主義の憲法と同じく，**国民主権と権力分立を基本原理**としている。

　このうち「権力分立」とは，国家権力を単一の機関に帰属させると権力の濫用▶1が生じ，国民の基本的人権が侵害されるおそれがあるので，**国家権力を立法，行政及び司法の各作用に区別し，これらを別々の国家機関に担当させ，相互の抑制・均衡を図ろう**とするものである。国家作用を単に分離するのでなく，国家作用を分担する各国家機関が他に対し権力を主張することで，相互牽制をねらう。

　国家の作用が特定の権力者に集中している現実の国や地域において，どれほど国民の自由が制限されているかをみれば，権力分立が基本的人権の確保にとっていかに決定的に重要であるかということは明白であろう。すなわち，権力分立は，専制政治▶2を排除するための工夫なのである。

用語

▶1 濫用
　権利や権限を濫（みだ）りに用いること。法律上では，特定の権限を与えられた者が，その権限を本来の目的と異なることに用いることを意味することが多い。

▶2 専制政治
　一般的には，ある国や集団等において，支配者が独断で，思いのままに物事を決する政治を意味する。

❷ 権力分立の型

権力分立は，歴史的な経緯に基づきその態様が異なる。以下それぞれの態様を見ていこう。

〔アメリカの厳格な権力分立〕

もともと，イギリスの植民地であったアメリカ。アメリカ合衆国は，本国イギリスの議会の制定法に対する抗争を通じて独立した国家であるため，伝統的に議会，すなわち，立法府に対する不信の伝統があった。
　また，合衆国憲法の起草者には，司法は積極的に何かをする権力ではないため危険性が希薄であり，したがって，信頼に足りるという観念があった。
　そこで，三権を平等の地位にあるものとして制度設計し（厳格な権力分立），その後もこの伝統が各国に先駆けて，司法部門が政治部門（議会，大統領）の行為をチェックする違憲審査制の確立につながり，司法部門の政治部門に対する強力な抑制機能を果たすこととなった。

〔フランスその他の大陸諸国の立法府優位の権力分立〕

これに対し，フランスその他のヨーロッパ大陸諸国においては，議会が法律の制定というかたちで，王権とこれに従属し強い権力をもった裁判所に対抗して，人々の自由を守り，近代国家になっていったという経緯に基づき，立法府優位の権力分立が成立した。
　この型の権力分立においては，議会と政府が分離しつつも，協働関係をとる議院内閣制が採用されることにつながりやすく（この制度の下では，議会〔特に下院〕が政権を生み出し，政権は議会に対し責任を負うとされる。そして，議員と大臣の兼職が可能である），また，議会制定法に対する信頼と，伝統的な司法に対する不信から，違憲立法審査制が長く採用されなかった。
　そして，戦後，これを採用する際も，司法裁判所とは別個に憲

CHECK

▶3　特に1765年の英国議会で制定された印紙法に対し，植民地の人々は，「代表なければ課税なし」として反発したことは，有名である。

▶4　立法府を強くすることは危険と考え，議会と大統領を完全に分離するシステムが考案された。

▶5　違憲審査制については195ページを参照。

第5編 統治機構・地方自治

法裁判機関を設置した。

〔日本の権力分立〕

　日本の権力分立は，議院内閣制を採用しつつ，司法裁判所に違憲審査権を付与したという点においてアメリカ型の権力分立の要素を取り入れたということができる。

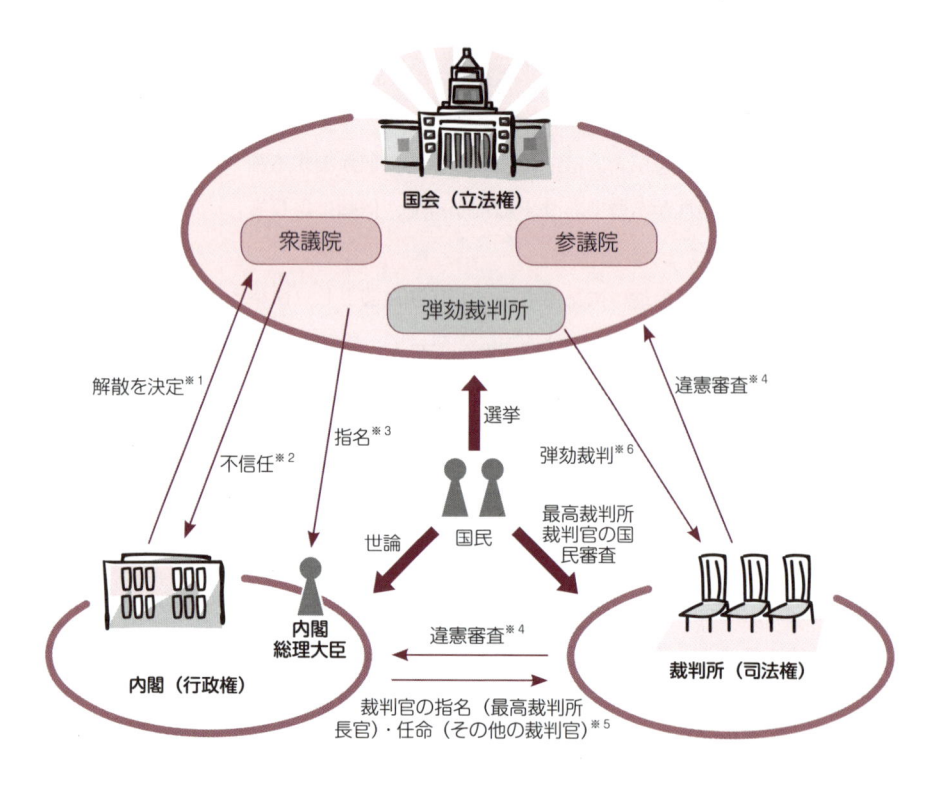

```
国会（立法権）
　衆議院　参議院
　弾劾裁判所

解散を決定※1
不信任※2
指名※3
選挙
弾劾裁判※6
違憲審査※4

世論
国民
最高裁判所裁判官の国民審査

内閣総理大臣
内閣（行政権）

違憲審査※4
裁判官の指名（最高裁判所長官）・任命（その他の裁判官）※5

裁判所（司法権）
```

※1　7条3号，69条，177ページを参照
※2　69条，171ページ，175ページを参照
※3　67条，174ページを参照
※4　81条，195ページを参照
※5　6条2項，79条1項，189ページを参照
※6　64条，78条，186ページを参照

第1編 第2講 国会の地位

> **第41条〔国会の地位，立法権〕**
> 国会は，国権の最高機関であつて，国の唯一の立法機関である。

1 条文の基本的意味

本条は**国会**について，国家権力を行使する機関の中で最高の地位にあると称するとともに，**唯一の立法機関**であると規定する。

明治憲法においては「天皇ハ帝国議会ノ協賛ヲ以テ立法権ヲ行フ」（5条），「凡テ法律ハ帝国議会ノ協賛ヲ経ルヲ要ス」（37条）とされ，帝国議会は天皇の立法権を協賛する機関とされたが，本条によって，国会が立法権を独占することが規定された。▶1

2 国権の最高機関の意味

本条が国会を国権の最高機関と称したのは，国会を構成する両議院が国民によって選挙された議員で構成され，主権者である国民に最も近い距離に在るため高い権威を有し，しかも法律の制定権（59条），予算の議決権（60条，86条），内閣総理大臣の指名権（67条1項）を初めとする国政の重要な権限を付与され，国政の中心的地位を占めることを肯定的に表現したものである。この考え方を「**政治的美称**」説という。▶2

これに対し，「国権の最高機関」には，国会が国政全体を統括する権能をもつというような法的な意味があるという見解もある。しかし，三権は権力分立の下に抑制しあっているのであるから，国会が他の2つの権力に比し法的に上位にあるということはできない。よって，政治的美称説が適切である。

3 「立法」の意味

それでは，本条で国会が独占する「立法」とは何か。

CHECK

▶1 しかし，すべての法律は帝国議会の協賛（同意）がなければ成立しなかったという意味では，天皇の立法権は憲法で制限されていたということができる。

▶2 美称とは，他人をほめていうときの呼び方である。国民に近い立場であることを踏まえ，最高機関と褒め称えているに過ぎないと考えるということである。

131

素朴にいうと，立法とは，法律を制定することである。しかし，憲法は，国会が制定する法のことを法律といっている（59条1項）。すると，本条は，国会のみが国会制定法（＝法律）を制定することができるという当たり前のことを述べたものなのか。

そうではない。本条は，一定の内容の国のルールを制定する権限は，政府や裁判所でなく，国民の代表者で構成する国会のみが有することを規定したものと考えるべきである。

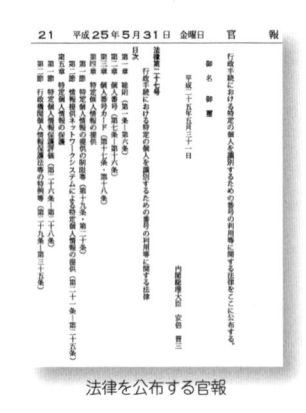

法律を公布する官報

そして，伝統的には，国会のみがなしうる「立法」とは，①**国民の権利を直接に制限し，義務を課する法**であるとともに，②**だれにでも，どんな事件にでも，分け隔てなく平等に適用される法的ルール**を指すと考えられてきた。

①の国民の権利を直接に制限し，義務を課する法のことを「法規」という。

■**法規**

国王の権限を憲法で制限するという立憲君主制の仕組みの下で，国王の万能の立法権限から，国民の財産や自由に関する事項を剥ぎ取って，国民の代表である議会が行使することになった。この国民の財産や自由についての法が「法規」である。

その意味では，まだまだ，議会の権力が弱かった時代の限定された「立法」の概念である。

---

②についていうと，憲法は本条において，国会のみがそのような法的ルールを制定する権限を有することとし，政府がこれを個別具体の人や事件に適用するという仕組みを採用したのである（65条，73条1号）。

この仕組みによって，国家権力が特定の者に対し，ねらい撃ち

的に法的ルールを押しつけることを予防したのである（モンテスキューが「法の精神」で指摘するように，立法と法の執行を同じ権力者に帰属させると，権力者は，暴政的な法律を定め，これを暴政的に執行するおそれがある）。このような役割分担をすることで，政府の行為の予測可能性を保障したということができる。

　逆にいうならば，国会が特定の者のみに適用される法律（これを「措置法」とか「処分的法律」という）を制定することは，実質的には，行政府が行う法の適用作用を国会が奪いとることになるため，権力分立に反することになりかねず，この点は，慎重に考えないといけない。

> CHECK
> ▶3 例えば，議会が反逆的な政治活動をした特定の人に死刑を科す法律を制定できるとしたら，議会は絶対権力を有することになる。

　なお，国民主権の体制の下においては，国会のみが行使できる「立法」の範囲について，①の「法規」の要素で限定すべきではないという考え方や，②の要素すら不要であって，行政は，国会が制定した法律の枠内でしか活動することができないと考えれば足りるという考え方も主張されている。

4 「唯一」の立法機関
〜国会中心立法の原則・国会単独立法の原則〜

　本条の「唯一の」立法機関であるとは，国家作用の権限分配として国会が立法権を独占することと（**国会中心立法の原則**），手続上の権限として国会が他の国家機関の同意などの関与なく立法をすること（**国会単独立法の原則**）を意味している。

(1) 国会中心立法の原則に関連する問題

　国会中心立法については，憲法自体が認めた例外がある。国会の各議院の規則制定権（58条2項）及び最高裁判所の規則制定権（77条）並びに地方公共団体の条例制定権（94条）である。

> CHECK
> ▶4 「国会」以外がルールを制定する点で，例外となっている。

もう1つの重要な例外が，委任立法である。国会が立法権を独占する建前の下，政府が巨大な分量の立法をしている。内閣が制定する政令，各省大臣が制定する府令，省令である。

(2) 国会単独立法の原則に関連する問題

59条1項は「法律案は，この憲法に特別の定めのある場合を除いては，両議院で可決したとき法律となる」と規定し，明治憲法6条にあった天皇の裁可のような制度はない。また，日本国憲法は，アメリカ合衆国憲法がもつ大統領の法案拒否権を行政権に与える制度をもたない（ちなみに，大統領の法案拒否権は，しばしば発動されている）。そして，単独立法の例外として，地方自治特別法がある（213ページを参照）。

単独立法の原則に関連する事項として，内閣には法律案の提出権があると解釈され，運用されている（法律案は72条前段の「内閣総理大臣は，内閣を代表して議案を国会に提出し…」とある条項の「議案」に含まれると解される）。実際，日本の基本的な，又は重要な法律の多くが内閣提出によるものである。そして，内閣提出法律案は，実際上，中央省庁の官僚が政治家と協議しつつ，政策を立案し，これを実施するための法的裏づけとして立案されている。

▶5 委任立法については，167～168ページを参照。

▶6 ここで「裁可」とは，帝国議会が議決した法律案を確定的に成立させるのに必要な天皇の承認行為のこと。

他の国の憲法は？

アメリカ合衆国憲法第1条第1節
　この憲法によって付与される立法権は，すべて合衆国連邦議会に属する。（以下略）

同条第7節②
　下院および上院を通過したすべての法律案は，法律となるに先立ち，合衆国大統領に送付しなければならない。大統領は，法律案を承認するときはこれに署名する。承認しないときは，拒否理由を付して，これを発議した議院に還付する。（以下略）。

アメリカ合衆国憲法は，『新解説世界憲法集』（初宿正典，辻村みよ子著　三省堂）p.74，76より

第 5 編　第 3 講　全国民の代表

第 43 条〔両議院の組織〕
1　両議院は，全国民を代表する選挙された議員でこれを組織する。
2　両議院の議員の定数は，法律でこれを定める。

1 条文の基本的意味

本条は，**両議院の議員**が「**全国民の代表**」であることと，議員定数を法律で定めるべきことを規定したものである。

本条において「代表」というが，代理人が決めたことは本人が決めたことになるという法的な意味における代理・代表関係が議員と有権者の間にあるわけではないし，議員が選出母体や選挙区の有権者の指図・意向に拘束されることを意味するものでもない。

ここで「全国民の代表」とは，議員が地元の選挙区の有権者や特定の集団の利益を代弁するのでなく，**全国民のために独立して職務を行うべき地位にある**ことを示したものである。これを「**政治的代表**」という。この考え方の下では，議員は選挙民からの指示・訓令に拘束されない。これを「**自由委任の原則**」といい，議員が選挙母体の指示・訓令に拘束される強制委任と対置される。

> ■強制委任
> 強制委任の原型は，近代市民革命前に存在した身分制議会における選出母体と代議員の関係である。代議員は，選出母体の訓令に服従する義務を負っていた。不服従の場合には，任意に更迭・罷免された。現代の議会において，ドイツの連邦参議院に強制委任の例をみることができる。ドイツ連邦共和国基本法 51 条 3 項後段は「一のラント（邦）の票決は，一致してのみ，かつ，出席議員又はその代理人によってのみ，行うことができる」としている。同国の連

CHECK

▶1 国会議員は，地域ブロック，都道府県，さらに狭い一定の区域を選挙区として選出される。それぞれの地元の利益や民意を背負って当選する面もあるが，国会議員として選出された以上，地元の利益でなく，全国民のために行動せよということである。

用語

▶2 更迭
ある地位や役目にある人を他の人と代えること。

ドイツ連邦共和国基本法は，『新解説世界憲法集』(初宿正典，辻村みよ子著　三省堂) p.181 より

邦参議院が各ラントの政府に任命され，州の利益代表であることに由来する規定である。

■自由委任

　自由委任の原則は，フランスの1791年憲法で初めて規定された。同憲法では，主権が国籍保持者の総体に属するという国民主権（ナシオン主権）の原理を採用するとともに，その主権の行使は国民代表（議員）に委ねるとした（「あらゆる権力は国民のみに由来し，国民は代表者を通じてのみそれを行使することができる」）。

　そして，同国憲法は，選挙民からの強制的・命令的委任を排除し，「県において選出された代表者は，特定の県の代表者ではなく，国民全体の代表であり，代表者にはいかなる委任も与えることができない」（同憲法第3篇第1章第3節第7条（39））と定めた。このような代表の考え方を純粋代表制という。

　その後，1875年の第三共和国憲法の下で，議会は選挙民の意思を反映すべきであるという考え方が成立した。普通選挙制の確立によって選挙民の議員に対する影響力が増大したことに起因する。法的には拘束されないが，事実上，民意を反映すべきであるという考え方を「半代表」という。上記の「純粋代表制」と直接民主制との中間にあるという意味である。

CHECK

▶3 「国籍保持者の総体」とは，個別具体的な国民ではなく，抽象的な国民全体という意味である。

フランス1791年憲法は，『フランス憲法入門』（辻村みよ子・糠塚康江著　三省堂）p.197, 199～200 より

2 党議拘束と自由委任

　国会議員の多くは，政党に所属し，党の内部規律として，党議に拘束され，党の指図に従って，表決することを強制されている。具体的には，法案の採決に際し，党から投票内容につき縛りをか

用語

▶4 党議
　法律案についての賛否その他の国会における投票行動についての政党の正式決定。

136

けられる。議員が党議拘束に反し個人的信念に従って投票行動をし、そのために党籍からの除名等の処分を受けることがある。

　これは、自由委任の原則に反しないのか。この点、議員が、直前の選挙でマニフェストを掲げて政権を争った所属政党の党議に従って表決をすることこそが、民意を実現するという考え方もあろう。しかし、党議に反したことを理由とする政党の除名処分をもって、議員資格の喪失に結びつけるような法制度を設けるとすれば、それは本条の「全国民の代表」規定の枠を逸脱し、憲法に違反するおそれが強い。
▶5

3 比例代表選挙で当選した者の政党間移動

　両院について議員定数の一部について比例代表選挙制度が設けられている。比例代表選挙は、中央選挙管理会に候補者名簿を提出した政党が議席を奪い合う政党本位の仕組みである。
▶6

　この制度の下で当選した者がその後、選挙時に当選を争った対立政党に党籍を移動すると、当選を失い、失職すると規定されている（公職選挙法99条の2、国会法109条の2）。

　この仕組みについては、「全国民の代表」性と矛盾するという考え方と、政党本位の選挙の理念の下では選挙時の対立政党への移動はその理念に反するから仕組みとして正当だという考え方の両方が存在する。

他の国の憲法は？

フランス第5共和国憲法第27条第1項
　命令的委任は、すべて無効である。

ドイツ連邦共和国基本法第38条第1項2文
　（連邦議会の）議員は全国民の代表者であって、委任および指図に拘束されることはなく、自己の良心のみに従う。
➡連邦参議院と異なり、自由委任が採用されている。

CHECK

▶5 2015年4月に比例代表選挙で当選した議員が、所属政党から除名処分を受けたにもかかわらず、国会議員を辞職しなかった点について話題となった。

▶6 比例代表選挙制度については、140ページを参照。

フランス第5共和国憲法（1958年憲法）は、『フランス憲法入門』（辻村みよ子、糠塚康江著　三省堂）p.259 より

ドイツ連邦共和国基本法は、『新解説世界憲法集』（初宿正典、辻村みよ子著　三省堂）p.184～185 より

第 5 編　第 4 講　選挙制度

> **第 44 条〔議員・選挙人の資格〕**
> 　両議院の議員及びその選挙人の資格は，法律でこれを定める。但し，人種，信条，性別，社会的身分，門地，教育，財産又は収入によって差別してはならない。
>
> **第 45 条〔衆議院議員の任期〕**
> 　衆議院議員の任期は，4 年とする。但し，衆議院解散の場合には，その期間満了前に終了する。
>
> **第 46 条〔参議院議員の任期〕**
> 　参議院議員の任期は，6 年とし，3 年ごとに議員の半数を改選する。
>
> **第 47 条〔選挙に関する事項〕**
> 　選挙区，投票の方法その他両議院の議員の選挙に関する事項は，法律でこれを定める。

1 条文の基本的意味

　まず 44 条は，両議院の議員の選挙権及び被選挙権について法律で定めることを定め，人種，信条，性別，社会的身分，門地，教育，財産又は収入によって差別してはならないという制約を課している。

　そして 45 条は，衆議院議員の任期を 4 年と定め，解散の場合には任期満了前に失職することを定め，46 条は，参議院の任期を 6 年と長期に定めた。しかも，参議院には解散がないため，長期的・持続的な民意を国政に提供することが期待される。参議院議員は，3 年ごとに半数改選である。

　また 47 条は，両議院の議員の選挙制度を法律で定めることと規定した。憲法は，普通選挙，秘密選挙などのいくつかの原則を

用 語

▶1 信条
　当該個人が信じて守っている事柄のこと。59 ページを参照。

▶2 門地
　家系・血統等の家柄のこと。60 ページを参照。

定めるほかは，選挙制度の設計を，大幅に国会の裁量に委ねている。これを受けて，公職選挙法が両議院の議員その他の公職についての選挙制度を定めている。

2 選挙制度の基本

現在，日本の両議院の選挙制度は，選挙区選挙と比例代表選挙を組み合わせたものとなっている。

選挙制度には，国民の多様な意思の分布をできるだけ国会の議席数に反映させることを目指すものと，多数者意思を強く議席数に反映させて，安定した政治を目指すものなどに大別することができる。この後者の典型が，選挙区選挙のうちの小選挙区制である。

(1) 小選挙区制

小選挙区制とは，選挙人が各選挙区の立候補者1人に投票し，最多得票を得た者1人を当選者とするものである。例えば，候補者甲（A党所属），乙（B党所属），丙（C党所属）が，それぞれ40％，35％，25％の得票をした場合に，甲が当選する。同様の投票結果が全選挙区で生ずれば，A党は全国で40％の得票しかしていないのに，議会で議席を独占することになる。

このように，この選挙制度の下では，結果として，各選挙区で相対多数を占めた政党が，議会で得票割合をはるかに超える多くの議席をもち，与党を形成して安定した政治を実現することにつながりやすい。この制度の下では，現政権に対する賛否についての多数者意思が議席数に強く反映されるため，政権交代が生じやすいともいわれる。

他方，相対多数を結集できなかった政治勢力への投票は，死票となってしまう。

(2) 比例代表選挙制度

　国民の多様な意思の分布を議会の議席数に反映させようとする制度である。全国をいくつかの選挙区に分割し、人口比に応じて各選挙区の議員定数を定め、それぞれの選挙区ごとに、有権者は、選挙長に候補者の名簿を提出した政党又は名簿登載の候補者に投票する。

　名簿届出政党の議席数は、得票割合に応じて決定する（各政党の得票数を÷1、÷2と、順次、整数で割算をし、その商の大きい値に、順次、議員定数に達するまで、議席を割り当てる方法で政党に議席を配分する（これをドント式という）。おおまかにいえば、当該選挙区の議員定数を各政党の得票数で比例配分して獲得議席数が決まるのである）。各党が取得した議席数の枠内で当選を得る候補者の具体的な決定については、あらかじめ名簿届出政党が順位づけをしておく拘束名簿式と、政党が順位づけをしない非拘束名簿式とがある。比例代表制は、少数者意思を含め民意を議会の議席数に反映させることができるという意味では優れているが、小党が分立しやすく政権が安定しないという弊害や（この点については、比例代表選挙をとる北欧諸国において小党が分立し政治が安定していないということはないという指摘もある）、選挙後に、政党が政権を取得するために想定外の連立を組んで有権者意思に背くことがあるという指摘もされている。

❸ 衆議院の小選挙区比例代表並立制

　衆議院議員の現行の選挙制度は、定数を475人とし、このうち295人を小選挙区選出議員、180人を比例代表選出議員としている（公職選挙法4条1項）。

　衆議院議員の選挙がこのような小選挙区に傾斜したものとなっているのは、総選挙を政権選択の選挙にしようとしたことによる。小選挙区のみでは小政党に不利であるから、比例代表制を加味したのである。

CHECK

▶3 憲法は、政党について明示の規定をもたないが、議会制民主義を支える不可欠の要素ということができる。すなわち、政党は、街頭演説、国政報告会、タウンミーティング等の機会に、国民の意見、要望、提案等に接し、これを政策に組み込み、又は自党の政策を有権者に説明し、理解を得るなどして、国民の多様な意見と政治の在り方とを繋ぐ経路として重要な役割を果たしている。国会内では、概ね政党を基本単位として会派を形成し、議事運営や法案に関する協議が行われる。また何よりも、国政選挙で多数の議席を占めた政党が与党として首班を指名し、内閣を支える存在である。

　政党は、その地位にかんがみ国から一定の基準で政党交付金を交付される等の援助がされるが、他方、政治活動に関する寄附の収支の報告をする義務を課せられている。

4 参議院の選挙制度

他方，参議院議員は，各都道府県を各選挙区とする定数1〜5人（半数改選ごと）の議員を選ぶ選挙区制と，全国を一の選挙区として行う比例代表選挙を並立させたものとなっている。

両院の選挙制度について投票価値の較差の早急な是正が課題となっている。

5 両院の選挙制度等の対比

両院の選挙制度を対比すると，以下のようになっている。

なお，「選挙権」とは投票する権利のこと，「被選挙権」とは立候補する権利のことである。

項　目	衆議院	参議院
選挙権	満20歳以上の国民 ▶4	満20歳以上の国民 ▶4
被選挙権	満25歳以上の国民	満30歳以上の国民
定数・選出方法	小選挙区 295人 比例代表 180人	選挙区 146人 比例代表 96人
任期	4年	6年（3年ごとに半数改選）。議員の半分と残りの半分の任期が3年ずれていて，3年ごとに任期満了する議員について改選をする。この参議院の半数改選の選挙のことを「通常選挙」という。▶5
解散の有無	解散がある。	解散制度がない。

CHECK

▶4 2015年6月17日，選挙権年齢を18歳に引き下げる「公職選挙法等の一部を改正する法律」が成立し，同月19日に公布された。この改正は2016年6月19日に施行され，同日をもって，本文の表中，「満20歳以上」とある部分が「満18歳以上」に切り替わる。同年の夏以後の選挙（2016年6月19日以後に初めて実施される国政選挙〔総選挙又は通常選挙〕の公示日以後に期日を公示又は告示される選挙）について適用される。

▶5 この仕組みは，事務の継続性を考慮したもので，アメリカ合衆国の上院の議員の任期が6年で，2年ごとに3分の1を改選するのにならったといわれる。

141

第5編　第5講　両院制

第42条〔両院制〕
国会は，衆議院及び参議院の両議院で構成する。

第48条〔両議院議員の兼職禁止〕
何人も，同時に両議院の議員たることはできない。

第59条〔法律案の議決，衆議院の優越〕
1　法律案は，この憲法に特別の定のある場合を除いては，両議院で可決したとき法律となる。
2　衆議院で可決し，参議院でこれと異なつた議決をした法律案は，衆議院で出席議員の三分の二以上の多数で再び可決したときは，法律となる。
3　前項の規定は，法律の定めるところにより，衆議院が，両議院の協議会を開くことを求めることを妨げない。
4　参議院が，衆議院の可決した法律案を受け取つた後，国会休会中の期間を除いて六十日以内に，議決しないときは，衆議院は，参議院がその法律案を否決したものとみなすことができる。

第60条〔衆議院の予算先議，予算先議に関する衆議院の優越〕
1　予算は，さきに衆議院に提出しなければならない。
2　予算について，参議院で衆議院と異なつた議決をした場合に，法律の定めるところにより，両議院の協議会を開いても意見が一致しないとき，又は参議院が，衆議院の可決した予算を受け取つた後，国会休会中の期間を除いて三十日以内に，議決しないときは，衆議院の議決を国会の議決とする。

第61条〔条約の承認に関する衆議院の優越〕
条約の締結に必要な国会の承認については，前条第二項の規定を準用する。

❶ 条文の基本的意味

　42条は，国会が衆議院及び参議院の二院制(にいんせい)をとることを示した条文である。二院制の下において同一の者が両院の議員を兼職することはおかしいから，これを排除した（48条）。日本の二院制の構成は下表のとおりである。

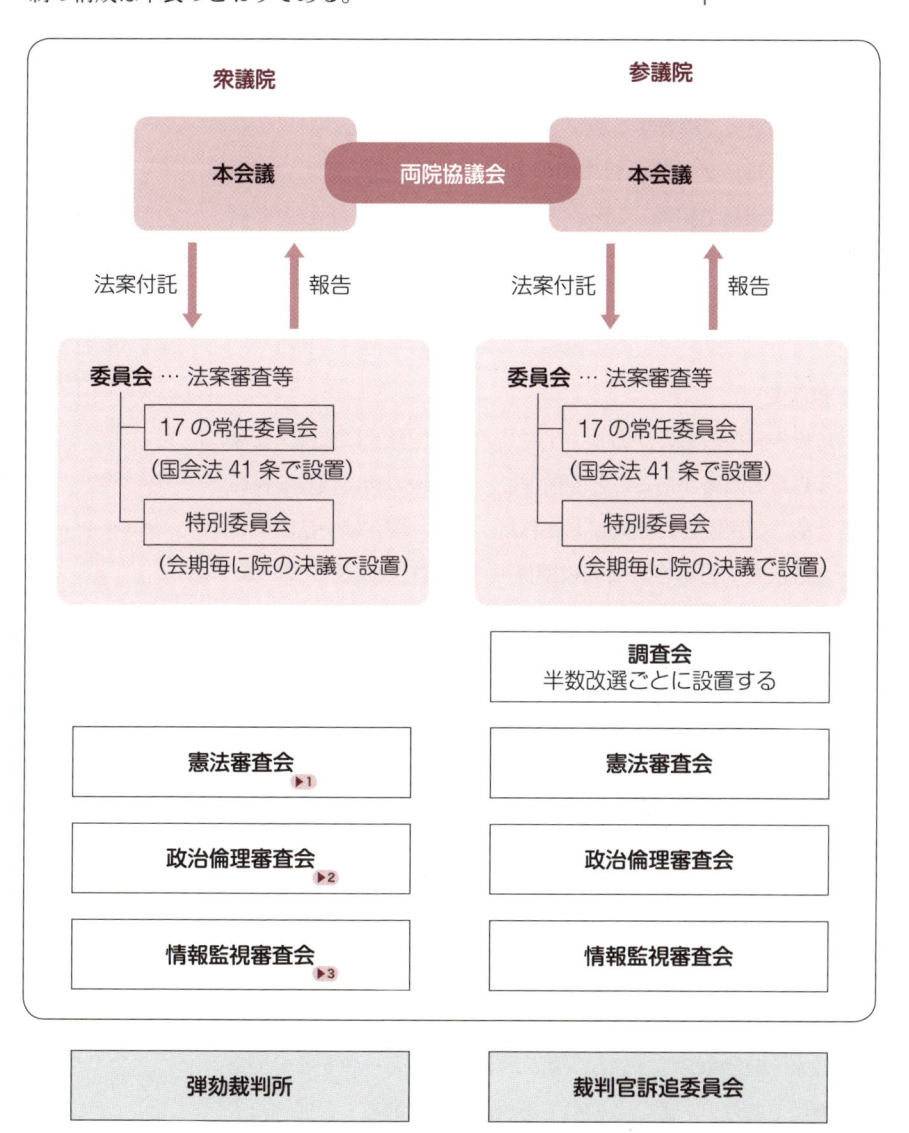

衆議院		参議院
本会議	両院協議会	本会議

衆議院側：
- 法案付託 ↓ / 報告 ↑
- **委員会** … 法案審査等
  - 17の常任委員会（国会法41条で設置）
  - 特別委員会（会期毎に院の決議で設置）
- 憲法審査会 ▶1
- 政治倫理審査会 ▶2
- 情報監視審査会 ▶3

参議院側：
- 法案付託 ↓ / 報告 ↑
- **委員会** … 法案審査等
  - 17の常任委員会（国会法41条で設置）
  - 特別委員会（会期毎に院の決議で設置）
- **調査会** 半数改選ごとに設置する
- 憲法審査会
- 政治倫理審査会
- 情報監視審査会

弾劾裁判所　　裁判官訴追委員会

143

2 二院制の諸類型

諸国の議会には，一院制のものと二院制のものとがある。二院制の類型をみてみよう。

(1) 連邦制国家の二院制

アメリカ合衆国やドイツのような連邦制国家では，全国民を代表する議員で構成する議院のほかに，連邦を構成する各州（邦）を代表する議員で構成する議院を設置する理由がある。

▶4 具体的には，アメリカ合衆国の上院（各州から2名ずつ選出される上院議員で組織），ドイツの連邦参議院（ラント政府の構成員によって構成され，ラント政府が任命）である。これに対し，単一国家では，一院制をとるものが圧倒的に多い。

(2) 貴族院型

次に貴族院型のものがある。イギリスでは，社会に庶民・貴族という異なる階級があることを前提に，各階級の利益代表を保障するため，庶民院と貴族院がおかれた。なお，現在は，法案（特に「金銭法案」と称される課税関係の法律案）の議決について，庶民院が優越している。明治憲法下の帝国議会は，衆議院と貴族院▶5をもっていたのでこの類型である。

(3) 単一国家における二院制　〜フランスなど〜

連邦国家でもなく，各階級の利益代表という仕組みを要しないのに，二院制を採用する国もあり，日本やフランスが具体例となる。

共和政で（貴族院をもつ理由がない），かつ，連邦国家でない国（単一国家）において（各邦の利益を代表する院をもつ理由がない），二院をもつ理由は何か。この点，フランス革命のときの思想家・政治家シエースが「第二院が第一院と一致するのであれば無用であり，一致しないのであれば有害である」と述べたよ

用 語

▶1 **憲法審査会**
日本国憲法等について広範かつ総合的に調査を行い，憲法改正原案や日本国憲法の改正の発議等を審査するため各院に設置されている機関（国会法102条の6〜）。

▶2 **政治倫理審査会**
内閣総理大臣の汚職事件であるロッキード事件に対する第一審有罪判決を経て，国会法に「議員は，各議院の議決により定める政治倫理綱領及びこれにのっとり各議院の議決により定める行為規範を遵守しなければならない」という規定が設けられ（124条の2），政治倫理の確立を目的として，各議院に政治倫理審査会が設置された（124条の3）。実際の開催回数は，8回にとどまる（2015年7月現在）。

▶3 **情報監視審査会**
特定秘密の保護に関する法律（88ページを参照）による特定秘密制度の運用を常時監視するため各議院に設置されている機関（国会法102条の13〜）。

うに，一院のみでよいという考え方がある。

実際，フランスでは，1791年憲法，1793年憲法，1848年憲法において，国民議会を一院制としていた。ただし，同国は，歴史的に，一院制と複数院制の間で揺れ動いていたので，必ずしも一院制の伝統があったというわけでもない。

フランスの第5共和国憲法（現憲法）は二院制で，直接選挙で選出される下院（国民議会）と，各県を単位とする間接選挙で選出される上院（元老院）とで構成されている。現憲法が二院制を採用した理由については，小党分立傾向にあった国民議会に対し，別の議院において安定的な政治勢力を確保することにあったようである。元老院は，「共和国の地方公共団体の代表を確保する」と位置づけられ（24条4項），傾向として保守的である。直接選挙で大きな左右の振れをみる国民議会に対し，安定機能を求めたものともいえる。

(4) 日本の二院制

いずれも直接選挙で選出され全国民を代表する議員で構成する日本の二院の存在理由（参議院の存在価値）は何であろうか。

1つの考え方は，議員の任期が原則4年と短く，かつ，解散でさらに短縮される衆議院が時々刻々の民意を強く反映しやすいのに対し，議員の任期が6年と長く（ただし，半数改選制をとる），解散制度もない参議院は，より長期的・持続的な民意を国政に提供し，両者を併せて，多様な民意を反映することに資するというものである。

別の考え方は，二院をもつことによる抑制均衡である。憲法改正や法律案について異なる考え方をもつ二院が協議，調整することで賢明な立法をなしうるというものである。

3 両院関係

両院の意思が合致したときに，国会としての意思決定がされる。

▶4 アメリカの州やドイツのラントは，日本の都道府県と違い，それぞれが国である（各州に憲法がある）。

▶5 庶民院が可決し，貴族院に送付後，1か月間議決しないときは，国王の裁可によって，法律となる（1911年議会法1条1項）。

フランス第5共和国憲法（1958年憲法）は，『新解説世界憲法集』（初宿正典，辻村みよ子著　三省堂）p.252 より

例えば，59条1項は，法律の制定過程について「法律案は，この憲法に特別の定めのある場合を除いては，両議院で可決したとき法律となる」と規定している。

しかし，憲法はいくつかの事項について，衆議院の優越を定めている。二院制の下では，両院の権限を完全に対等とせず，一院の優越を認めることで立法府としての意思形成を容易とするのが通例である。そして，衆議院は参議院より任期が短く，解散制度があるため，より民意を問いやすい府であるため，その優越を認めている。

(1) 法律案の再議決

衆議院で先議した法律案について衆議院が可決し，参議院に送付した法律案が参議院でこれと異なった議決をした場合，衆議院で出席議員の3分の2以上の多数で再び可決した場合は，法律となる（59条2項）。

参議院が，衆議院の可決した法律案を受け取った後，国会休会中の期間を除いて60日以内に議決しないとき，衆議院は，参議院がその法律案を否決したものとみなすことができる（59条4項）。これは，参議院が衆議院から送付された法律案を審議せずにポケットに入れたままにした場合に，衆議院がこれを否決とみなして再議決をできるようにしたのである。

(2) 内閣総理大臣の指名・予算・条約の承認

内閣総理大臣の指名，予算及び条約の承認については，両議院の議決が異なる場合又は衆議院の議決後一定日数以内に参議院が議決をしないときは，衆議院の意思決定をもって国会の意思決定とされる（60条2項，61条，67条2項）。

(3) 予算の先議権

内閣は予算を作成し，国会に提出して議決を経なければならな

CHECK

▶3 実際に，1947年～1957年の間に28の法案について衆議院の再議決で法律が制定された。

また，2007年～2103年の間に18の法案について，同様の再議決がされた。

いとされているが（86条），予算は，先に衆議院に提出しなければならないとされている（60条1項）。すなわち，衆議院に予算先議権がある。

　逆にいうならば，これらのほかの案件については，両院の権限は対等である。法律案について再議決の制度を設けたが，その要件は非常に厳しい。直前の衆議院議員の総選挙において，政権与党が地滑り的に圧勝していることを要する。

　そうすると，内閣を形成した衆議院の多数派勢力（政権与党）と参議院の多数派勢力が異なるいわゆる「ねじれ国会」の状況の下では，実質的には，参議院の多数勢力が法案の命運を決することがある。これが時として「強すぎる参議院」などと指摘される所以である。参議院の立場は，実際の政治の場において非常に強く，政府与党は野党との調整のほか，参議院の幹部との調整が欠かせないものとなっている。

4 両院協議会

　法律案，予算及び条約並びに内閣総理大臣の指名等について両議院の議決が異なる場合には（可決・否決，可決・修正議決，別の者を首班指名），両院の妥協を図るため，両院協議会が行われる（59条～61条，67条）。現在の衆議院の選挙制度を定めた公職選挙法一部改正法は，衆議院で可決された後，参議院で否決されたため，衆議院が参議院に両院協議会の開催を請求。協議の結果，両院協議会の成案を得て，これを各院で可決して，法律となったのであった（1994年）。

5 世界の議会（一院制・二院制）

　世界の議会における二院制採用国数は，1995年当時180か国中53か国（29.4％）であったが，2003年時点では183か国中68か国（37.2％）と増加傾向にある。

▶4 なお，法律で衆議院の優越を認めている場合もある。国会の臨時会，特別会の会期を決定する場合，国会の会期を延長する場合（国会法11条～13条）などである。

第5編 第6講 国会の活動

第52条〔常会〕
国会の常会は，毎年一回これを召集する。

第53条〔臨時会〕
内閣は，国会の臨時会の召集を決定することができる。いづれかの議院の総議員の4分の1以上の要求があれば，内閣は，その召集を決定しなければならない。

第54条〔衆議院の解散，特別会，参議院の緊急集会〕
1　衆議院が解散されたときは，解散の日から40日以内に，衆議院議員の総選挙を行ひ，その選挙の日から30日以内に，国会を召集しなければならない。
2　衆議院が解散されたときは，参議院は，同時に閉会となる。但し，内閣は，国に緊急の必要があるときは，参議院の緊急集会を求めることができる。
3　前項但書の緊急集会において採られた措置は，臨時のものであつて，次の国会開会の後十日以内に，衆議院の同意がない場合には，その効力を失ふ。

第56条〔定足数，表決〕
1　両議院は，各々その総議員の三分の一以上の出席がなければ，議事を開き議決することができない。
2　両議院の議事は，この憲法に特別の定のある場合を除いては，出席議員の過半数でこれを決し，可否同数のときは，議長の決するところによる。

第57条〔会議の公開，会議録，秘密会〕
1　両議院の会議は，公開とする。但し，出席議員の三分の二以上の多

> 数で議決したときは，秘密会を開くことができる。
> 2　両議院は，各々その会議の記録を保存し，秘密会の記録の中で特に秘密を要すると認められるもの以外は，これを公表し，かつ，一般に頒布しなければならない。
> 3　出席議員の五分の一以上の要求があれば，各議員の表決は，これを会議録に記載しなければならない。

1 会期制

　国会は，内閣や裁判所のように常時活動するのでなく，会期制度をもち，活動期間が限定されている（52条〜54条）。

　会期制は，議会がかつて君主の諮問機関であって，君主から呼び集められ，付託された案件を審議し，結論を出せば，活動を停止したことに由来する。今日の民主政の国家に必ずしもふさわしいものでないという考え方もあり，実際にドイツ，イタリアのように会期制を廃止し，夏季やクリスマスなどを休会とするほかは通年活動する議会もある。

　しかし，会期制には，活動期間の限定によって効率的な審議が確保されるとか，通年国会とすると政府が国会対応に忙殺され行政が停滞する等の指摘もされている。

　国会の会期には，常会（52条），臨時会（53条）のほか，衆議院の解散・総選挙の実施後30日以内に召集する国会の会期がある（この会期は，国会法1条3項で「特別会」という呼び名が規定されている）。

(1) 常会（「通常国会」ともいわれる）

　毎年1回，1月中に召集される（国会法2条）。常会の最優先の審議対象は，4月から開始する翌年度の国の予算である。予算委員会では各党のエース級の議員が政府に質疑する。質問事項は

用語

▶1　諮問（機関）
　有識者等に意見を求めることを諮問という。この諮問に応じて，審議・調査を行い，意見を答申する機関を諮問機関という。

CHECK

▶2　国会開会中は，中央省庁のある霞が関官庁街は，国会対応（国会議員の政府に対する質疑への答弁資料づくり等）のため，毎晩，不夜城となる。

▶3　「召集」については，26ページを参照。

149

予算に限定されず，国政全般にわたる事項が対象となる。予算成立後は，法律案や条約が審議される。

　常会の会期は150日間と定められている（国会法10条1項）。このうち1月中下旬から3月末又は4月冒頭までの約2か月間は予算審議に充てられ，4月末から5月初旬のいわゆるゴールデンウィークは「自然休会」と称して審議しないので，法案等の審議に残された時間は2か月半程度しかない。

　この間に，先議の院の所管の委員会で審議・議決し，本会議で可決，後議の院に送付し，同様の手続を経て，法律が次々に成立するが（154ページを参照），内閣が提出する数十本単位の法律案に加え（これを内閣提出法律案という。国会内の俗称としては，「閣法」という），衆議院議員が提出する法律案（衆議院議員提出法律案。「衆法」という）や，参議院議員提出法律案（「参法」という）の審議を行うには時間が不足する。そのため，通例，会期の延長を行う（国会法12条，13条）。

　常会の会期は1回に限り，延長することができる（国会法12条2項）。通常，1か月から40日程度の延長が行われるため，常会は7月中下旬まで続くことが多い。

(2) 臨時会（「臨時国会」ともいわれる）

　臨時会は随時召集するが（53条前段），常会の閉会後の真夏時の時季を経て，新たな政策を実現するなどのため，9月中下旬ころ，召集されることが多い。

　臨時会の会期の長さは，審議すべき法律案の多少や困難性を踏まえて，両議院の一致の決議で決定する（国会法11条）。なお，臨時会は2回まで会期の延長をすることができる（国会法12条2項）。

　そして，いずれかの議院の総議員の4分の1以上の要求があれば，内閣は，その召集を決定しなければならない（53条）。

第 6 講　国会の活動

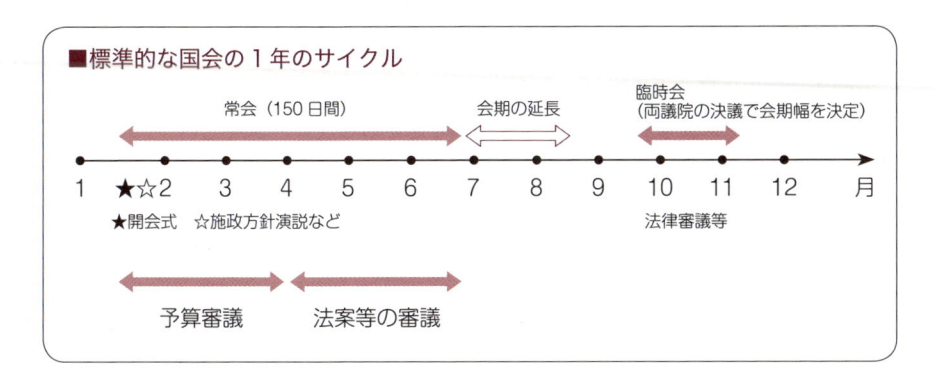

■標準的な国会の 1 年のサイクル

```
          常会（150日間）        会期の延長    臨時会
                                            （両議院の決議で会期幅を決定）
 1  ★☆2  3   4   5   6   7   8   9  10  11  12   月
    ★開会式 ☆施政方針演説など            法律審議等
        予算審議
             法案等の審議
```

(3) 特別会（「特別国会」ともいわれる）

　衆議院の総選挙後に 54 条の規定に基づき召集される会期を特別会という。特別会の最大の任務は，新しい内閣総理大臣の指名である。これを「首班指名」という。首班指名が行われ，天皇から任命されると，内閣総理大臣は直ちに内閣を組織する。これを組閣という。特別会の会期は，この手続に要する長さを確保するよう定められ，組閣を終えると事実上，閉会する。

(4) 緊急集会

　衆議院が解散されたときは，参議院は，同時に閉会となる。これを，「同時活動の原則」という。ただし，内閣は，国に緊急の必要があるときは，参議院の緊急集会を求めることができる（54 条 2 項）。衆議院が解散中であっても，国会としての意思決定をしなければならないという事態に備えた制度である。

　緊急集会は，参議院のみで国会としての意思決定をするものであるが，臨時の措置であって，直後の国会で衆議院の同意を要する（54 条 3 項）。

　緊急集会は，過去に 2 度の事例がある。初回（1952 年 8 月）は，中央選挙管理会の委員の任命を目的としたものだった。2 度目（1953 年 3 月）は，暫定予算の議決のために集会した。

CHECK

▶4 通常，数日間の会期が定められる。なお，1990 年 2 月 27 日から開始した特別会の会期は 6 月 26 日までの 120 日間であった。これは，この特別会が，通常であれば常会が召集される時期である 1990 年 1 月 24 日の衆議院の解散（消費税解散）後のもので，予算審議等を行う常会の機能を併有するものであったことによる。

CHECK

▶5 暫定予算については，204 ページを参照。

2 定足数

　会議体が議事を行い，議決を行うために必要とされる出席者の数を定足数という。定足数の定めは，会議体が案件を審理し，意思決定をするのにふさわしい最低限の出席者を確保するという趣旨である。56条1項は，各議院の本会議の定足数を総議員の3分の1と定めた。

　各議院の委員会の議事・議決の定足数が国会法に定められており，委員の半数以上とされている（国会法49条）。

3 表決数

　表決数とは，会議体が意思決定をするために必要な賛成数（割合）をいう。

　両議院の本会議の議事の表決数は，憲法に特別の定のある場合を除き，出席議員の過半数でこれを決し，可否同数のときは，議長の決するところによるとされている（56条2項）。この議長の権限を決裁権という。
▶6

　各議院の本会議が特に重要な意思決定をする場合には，単純多数でなく特別多数を要件としている。これが，本項の「憲法に特別の定のある場合」であって，①総議員の3分の2以上の賛成を要する憲法改正の発議（96条1項），②議員の資格争訟で議員の地位を喪失させる裁判を行う場合（55条），③秘密会を開く場合（57条1項），④議員を除名処分にする場合（58条2項），⑤衆議院が法律案を再議決する場合である（59条2項）。

　委員会の議事の表決数については，出席委員の過半数で決するとされている（国会法50条）。

CHECK

▶6 2011年3月31日の参議院本会議では，「子ども手当支給法改正法案」について可否同数となり，議長が決裁権を行使して，法案を成立させた。

▶7 「本会議」で秘密会が開催されたことはない。これに対し，「委員会」は秘密会で行われることがある。例えば，議院運営委員会が逮捕許諾（163ページを参照）について審査するとき，捜査当局から説明を受ける。その捜査情報が漏れないよう，秘密会で行う。

4 会議の公開原則と秘密会

　57条は，両議院の本会議の公開原則と秘密会にするための要件等を定めている。本会議は公開で行われ，議事録を作成し，一般に頒布することを要する。「公開」とは，傍聴席から会議を傍聴できるということである。

　本会議を秘密会として行うためには出席議員の3分の2以上の多数で議決することが必要である。秘密会としたときも，原則として議事録への議事を記載することが必要である。ただし，特に秘密を要すると認められる部分についてのみ，議事録に記録しないことができる。

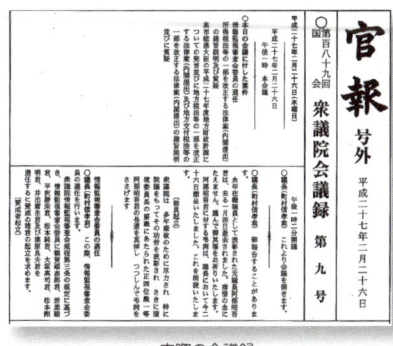

実際の会議録

5 委員会中心主義

　国会の運営は，憲法に規定のない委員会がその中心を占めている。各院には，行政府の各省の担当分野ごとに，常任委員会が設置されている（国会法41条）。また，特に必要と認められた案件や特定の案件を審査するため，会期ごとに議院の議決で特別委員会が設置される。法律案が提出されると，議長は，直ちに，所管の委員会に付託する。法律案の実質的な審査は委員会で行われ，委員から提出者に対する質疑，公聴会等，討論（賛成，反対の意見表明のステージ）のうえ，採決する。この間，委員間で法律案の修正について協議し，法律案の中身を一部修正して可決することもある。本会議は，委員長から報告を聴取したうえで，法律案を採決する。一部の重要案件を除き，委員長報告後，直ちに採決されることも少なくない。このような議会運営を委員会中心主義という。明治憲法下の帝国議会の議事運営の主導権が本会議にあったものを，戦後，アメリカ連邦議会をモデルにして，委員会中心主義に改めたのである。

CHECK

▶8 議員は，少なくとも1個の常任委員会に所属する（国会法42条2項）。

▶9 2015年の常会において，衆議院では，災害対策特別委員会，政治倫理の確立及び公職選挙法改正に関する特別委員会，東日本大震災復興特別委員会，我が国及び国際社会の平和安全法制に関する特別委員会など10の特別委員会が設置された。

■立法過程■

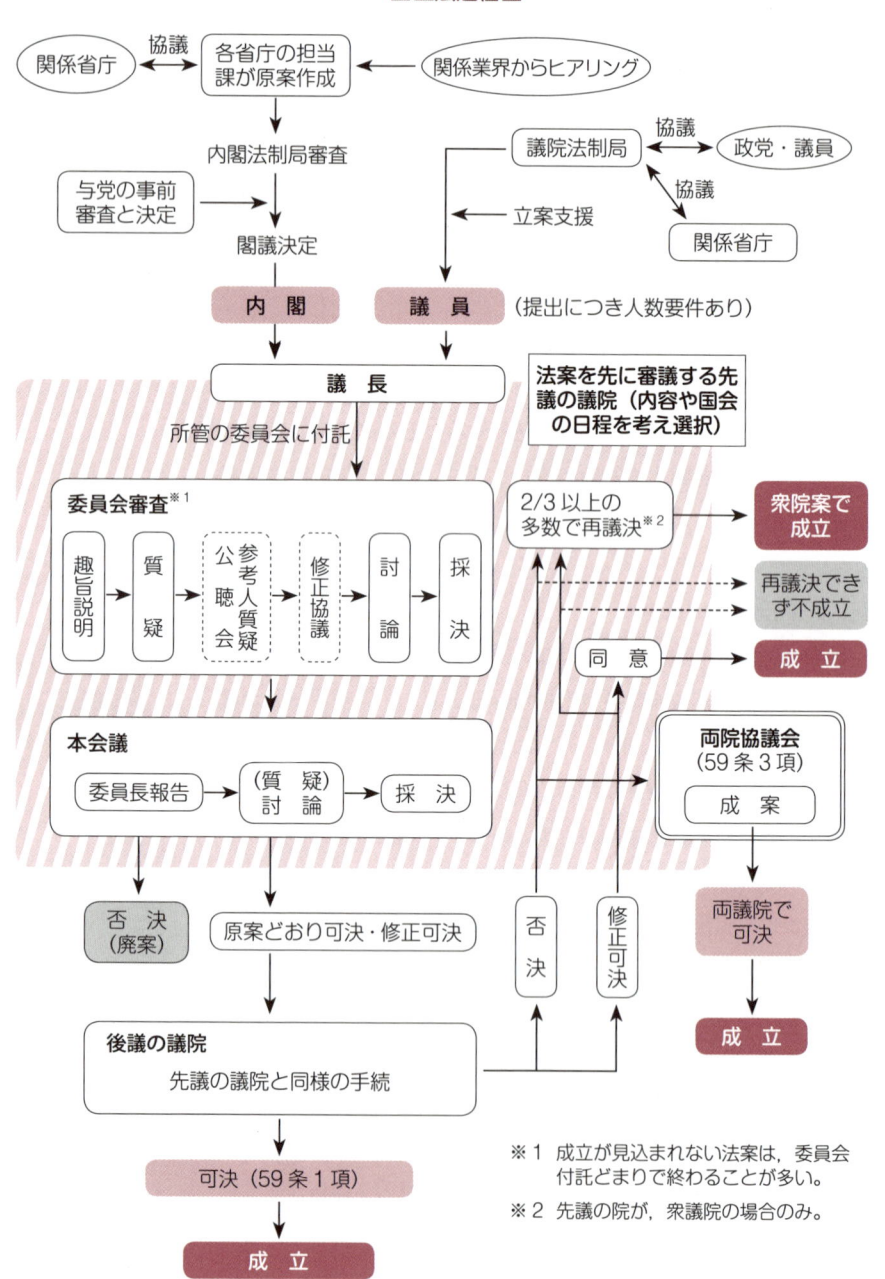

```
関係省庁 ←協議→ 各省庁の担当課が原案作成 ← 関係業界からヒアリング
                    ↓
                内閣法制局審査
与党の事前審査と決定 →
                    ↓
                  閣議決定

議院法制局 ←協議→ 政党・議員
    ↓        ↕協議
  立案支援    関係省庁
```

内閣 / **議員**（提出につき人数要件あり）
    ↓
議長 ← 法案を先に審議する先議の議院（内容や国会の日程を考え選択）
    ↓（所管の委員会に付託）

委員会審査※1
趣旨説明 → 質疑 → 公聴会／参考人質疑 → 修正協議 → 討論 → 採決
    ↓
本会議
委員長報告 →（質疑）討論 → 採決

- 否決（廃案）
- 原案どおり可決・修正可決
    ↓
後議の議院
先議の議院と同様の手続
    ↓
可決（59条1項）
    ↓
成立

- 否決 → 2/3以上の多数で再議決※2 → 衆院案で成立 / 再議決できず不成立
- 修正可決 → **両院協議会**（59条3項）
  - 成案 → 両議院で可決 → **成立**
  - 同意 → **成立**

※1 成立が見込まれない法案は，委員会付託どまりで終わることが多い。
※2 先議の院が，衆議院の場合のみ。

第5編 第7講 条約承認権

> **第73条〔内閣の事務〕**
> 三 条約を締結すること。但し、事前に、時宜によつては事後に、国会の承認を経ることを必要とする。

1 条文の基本的意味

73条3号は、**条約の締結権が内閣に属する**ことを規定したうえで、条約の締結について**国会の承認を要する**ことを規定した。すなわち、国会に条約承認権があることを定めたものである。

条約とは、文書による国家間の合意をいう。条約という名称のもののほか、協定、憲章、議定書などの名称のものを含む。私たちがよく知るものとして、国際連合憲章、日米安全保障条約などがある。

また、最近日本が加入した重要な条約としてハーグ条約がある。これは、国際結婚した男女が国際別居した場合に、その子の取り合いについてのルールを定める条約である。一方の親による子の連れ去りがあった場合に、どちらの親が子の世話をみるべきかは、子がもともと居住していた国の司法で判断すべきであるとの見地から、子を元の居住国に戻すことを義務づけたのである。

政府は、①法律事項を含む内容に含むもの、②新たに財政支出義務を発生させるものや、③国家間の基本的な関係を定める政治的に重要な国際約束であって、そのために批准が要件とされているものは、国会の承認を要するとし、逆にいうならば、これらに該当しないものは、国会の承認を不要としている。

①は、国会の立法権（41条）に係る内容をもつ条約という意味であり、②は、財政に関する国会議決主義（83条）を受けた考え方である。そして、③は、日韓基本関係条約や日ソ共同宣言等が該当する。

これに対し，例えば，条約の実施細則を内容とするものは行政協定と呼ばれ，国会の承認を要しないというのが，政府の考え方である。

2 条約の締結・承認の事例

上記のハーグ条約についていえば，1976年にハーグ国際私法統一会議（1893年設立）という機関で多数の政府間交渉が開始され，条文が1980年に作成された。

その後，2011年に日本政府は条約に加入する方針を固め，2013年の通常国会にハーグ条約の承認に関する件を提出し，同年5月に国会の承認を得た。

そして，条約に加入した場合に締約国としての義務を履行するための国内法の整備をし（「国際的な子の奪取の民事上の側面に関する条約の実施に関する法律」の制定・実施），2014年1月24日の閣議で条約締結を決定，条約に署名を行ったうえでオランダ外務省に受諾書を寄託した。同年4月1日から，日本について条約が発効した。

上記のように，国会の承認は条約締結の事前に行うのが原則である。

多数国間条約の条約締結手続

条約交渉 → 採択 → 国会提出 → 国会承認 → 締結※
　　　　　　　　　　73条3号
　　　　　　　　　　　　　　　　　　　　　　　↓
　　　　　　　　　　　　　　　　　　　　　効力発生

※締結の方法 ｛ 批准（国内的に最終的に効力を確定する手続）
　　　　　　　　➡天皇の認証（7条8号）
　　　　　　　受諾等（簡略化された手続）

第5編　第8講　各院の権能

第55条〔資格争訟裁判〕
　両議院は，各々その議員の資格に関する争訟を裁判する。但し，議員の議席を失はせるには，出席議員の三分の二以上の多数による議決を必要とする。

第58条〔役員の選任，議院規則等〕
1　両議院は，各々その議長その他の役員を選任する。
2　両議院は，各々その会議その他の手続及び内部の規律に関する規則を定め，又，院内の秩序をみだした議員を懲罰することができる。但し，議員を除名するには，出席議員の三分の二以上の多数による議決を必要とする。

第62条〔国政調査権〕
　両議院は，各々国政に関する調査を行ひ，これに関して，証人の出頭及び証言並びに記録の提出を要求することができる。

第63条〔閣僚の議院出席の権利と義務〕
　内閣総理大臣その他の国務大臣は，両議院の一に議席を有すると有しないとにかかはらず，何時でも議案について発言するため議院に出席することができる。又，答弁又は説明のため出席を求められたときは，出席しなければならない。

1 議院の自律権

　憲法は，衆議院・参議院の各院に，法律の制定など両議院が協働して国会としての意思決定をする権限のほかに，各院が個別に行使する権限を与えている。これを**議院の権能**という。
　まず，各院は，他の国家機関の干渉を排除して院内を独立して規律し，運営する権限を付与されている。これを議院の自律権と

いう（55条, 58条）。

(1) 資格争訟の裁判権

55条は, 各院に所属の議員の資格に関する争訟を裁判する権限を専属させた。例えば, 議員が在職中に懲役の実刑判決を受け確定すると, 被選挙権を喪失し（公職選挙法11条1項2号）, 議員としての地位を保有できなくなる（国会法109条）。この際, 議員は辞職するのが通常であるが（国会法107条）, 辞職しない場合, その院の議員が議長に資格争訟を提起し, 本会議の議決（出席議員の3分の2の特別多数決）で議員としての地位を失わせることができる。

(2) 役員選任権

58条1項は, 両議院に議長その他の役員の選任権を付与している。

(3) 規則制定権

議院は, その会議その他の手続及び内部の規律に関する規則を定めることができる（58条2項前段）。これは, 国会中心立法の原則（41条）の例外である。この規定に基づき, 衆議院規則及び参議院規則が定められている。

▶1 国会中心立法の原則については133ページを参照。

(4) 議員の懲罰権

両議院は, 院内の秩序をみだした議員を懲罰することができる（58条2項）。議員は議院における演説等について院外で責任を問われない免責特権を保障され（51条）, 自由な言論を行うことができるが, その言論が院内の秩序を乱すものである場合には, 院の自律的な懲罰処分に服するのである。

懲罰事由として, 国会法や議院規則に議場の秩序をみだし議院の品位を傷つけること, 無礼の言・他人の私生活にわたる言論,

▶2 免責特権については162ページを参照。

他の議員に対する侮辱の言，不当欠席が定められ，議院規則に議長の制止・取消の命に従わないことなどが定められている。

懲罰の内容として，公開議場における戒告，公開議場における陳謝，一定期間の登院停止，除名の4種が定められている（国会法122条）。ただし，除名処分をするには，出席議員の3分の2以上の多数による議決を要する（58条2項ただし書）。

> **用語**
>
> ▶3 戒告
> 公務員の職務上の義務違反に対する懲戒処分の中で最も軽いもの。職員の服務義務違反の責任を確認し，その将来を戒める処分。

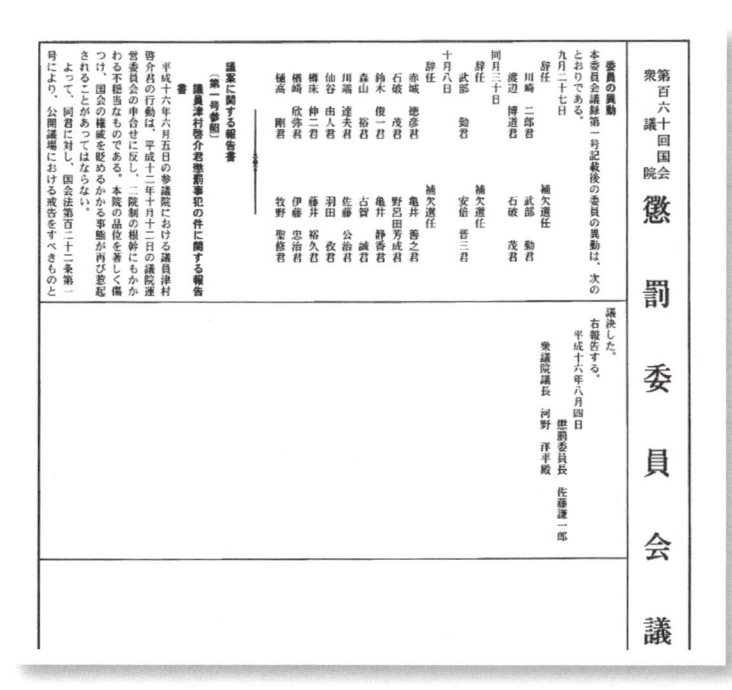

第百六十回国会 衆議院 懲罰委員会議

議決した。
右報告する。
平成十六年八月四日
衆議院議長　河野　洋平殿
懲罰委員長　佐藤謙一郎

委員の異動
本委員会委員の第一号記載後の委員の異動は，次のとおりである。
九月二十七日
辞任　　　　　　　補欠選任
川崎　二郎君　　　武部　勤君
渡辺　博道君　　　石破　茂君
同月三十日
辞任　　　　　　　補欠選任
武部　勤君　　　　安倍　晋三君
十月八日
辞任　　　　　　　補欠選任
赤城　徳彦君　　　亀井　善之君
石破　茂君　　　　野呂田芳成君
鈴木　恒夫君　　　亀井　静香君
森山　裕君　　　　古賀　誠君
川端　達夫君　　　由人　未君
仙谷　由人君　　　佐藤　公治君
樽床　伸二君　　　羽田　孜君
橋崎　欣弥君　　　藤井　裕久君
桶高　剛君　　　　伊藤　忠治君
　　　　　　　　　牧野　聖修君

議家に関する報告書
（第一号参照）
議員津村啓介君懲罰事犯の件に関する報告
平成十六年六月五日の参議院における議員津村啓介君の行動は，平成十二年十月十二日の議院連営委員会の申合せに反し，二院制の根幹にもかかわる不都合なものである。本院の品位を著しく傷つけ，国会の権威を貶めるかかる事態が再び惹起することがあっては断じてならない。
よって，同君に対し，国会法第百二十二条第一号により，公開議場における戒告をすべきものと

懲罰の事例（国会会議録より）

2 国政調査権

62条は，各議院が国政に関する調査を行うこと，そのために強制力をもって，証人の出頭・証言を求め，記録の提出を要求することができることを定めている。これを国政調査権という。

条文上，各議院の権限と定められているが，実際には，各議院に設置された委員会で行使されており，具体的な手続は「議院における証人の宣誓及び証言等に関する法律」に定められている。

> **CHECK**
> ▶4 国政調査権に基づく証人喚問

同法1条は，何人も，同法に定める証言等の拒否事由がある場合を除き，各議院の証人として出頭及び証言又は書類の提出の求めに応じなければならない旨を定め，出頭・証言等の求めに対し正当な理由なくこれを拒否し，又は宣誓した証人が偽証をすると，処罰することとしている（同法6条，7条）。

日本国憲法施行直後には，活発な，そして，時として濫用に渉る国政調査権の行使がされ，あまりに厳しい証人尋問が実施された国政調査の日の翌日に，証人が自殺したという事件さえあった。そして，国政調査権と司法権の独立が衝突した事件が生じた。浦和事件である。

参議院法務委員会が，親子心中を図り死にきれず自首した者に対する裁判所の判決が軽すぎるとして，本人や担当検察官を証人喚問し，1949年3月に，量刑が不当であるとする報告書をまとめた。これに対し，最高裁判所が①国政に関する調査権は，国会又は各議院が憲法上与えられている立法権，予算審議権等の適法な権限を行使するにあたりその必要な資料を集取するための補充的権限にほかならない，②司法権は憲法上裁判所に専属するものであり，国会が，個々の具体的裁判について事実認定もしくは量刑等の当否を精査批判し，又は司法部に対し指摘勧告する等の目的をもって，前記のような行動に及んだことは，司法権の独立を侵害し，憲法上国会に許された国政調査権の範囲を逸脱する措置といわねばならないと強く抗議を申し入れた（同年5月20日）。これに対し，参議院法務委員長が，国政調査権は国会が国政全般にわたって調査できる独立の権能であるとする旨の談話を発表したというものである。

上記の裁判所の考え方を補助的権能説といい，参議院法務委員会の考え方を独立権能説という。補助的権能といっても立法は国政全般に渉るから調査事項に限定があるわけではない。例えば，刑罰規定の在り方を検討するために，法務委員会が，政府に対し，個別事件の事実・判決の内容ではなく，過去の殺人事件に関する

▶4 ①自己又は一定の親族等が刑事訴追を受け，又は有罪判決を受けるおそれのあるとき（4条），②医師，弁護士等が，業務上知り得た他人の秘密事項については（5条），証言等の拒絶権がある。

犯罪事実・情状(じょうじょう)の類型とこれに対する判決の重さを統計的に処理した一覧資料を提出させるというのであれば問題はない。

他方，独立権能といっても，憲法上定められた他の国家機関の権限を侵(おか)すことはできない。したがって，いずれの考え方によっても，大きな差異があるわけではない。いずれにしても，議院が国政調査権の行使の名の下に，証人その他の人の基本的人権を侵害し，又は個別の事件の訴訟手続や判決の妥当性を調査して司法権の独立を侵害することは許されない。

3 内閣総理大臣等の議院に対する出席義務等

63条は，内閣総理大臣及びその他の国務大臣の議院への出席・発言の権利と義務を定めている。議院内閣制の下において当然の規定である。

本条に基づき，内閣総理大臣その他の国務大臣は，所管の提出法律案について，本会議や委員会に出席し，その趣旨を説明し，議員・委員からの質疑(しつぎ)に対し答弁(とうべん)する。また，国務大臣は，委員会の要求に基づき，所管の行政の執行状況一般についての質疑に答弁することを要する。

他の国の憲法は？

ドイツ連邦共和国基本法第43条
第1項で連邦議会から連邦政府の構成員に対する出席要求権が，第2項で連邦政府の構成員等の連邦議会・委員会への出席権・発言権が規定されている。

アメリカ合衆国
アメリカでは厳格な権力分立が定められ，政府職員は当然には議会に出席することができない。そこで，議会の常任委員会の小委員会が行う公聴会に招致(しょうち)されて発言するという仕組みがとられている。

第 5 編　第 9 講　議員特権

第 49 条〔議員の歳費〕
　両議院の議員は，法律の定めるところにより，国庫から相当額の歳費を受ける。

第 50 条〔議員の不逮捕特権〕
　両議院の議員は，法律の定める場合を除いては，国会の会期中逮捕されず，会期前に逮捕された議員は，その議院の要求があれば，会期中これを釈放しなければならない。

第 51 条〔議員の発言・表決の免責〕
　両議院の議員は，議院で行つた演説，討論又は表決について，院外で責任を問はれない。

1 条文の基本的意味

　49 条から 51 条は，議員の特権として，歳費受領権，不逮捕特権及び免責特権を定める。

2 歳費受領権

　49 条に基づき，議員の歳費（議員としての活動に対する報酬のこと）を受ける権利が保障されている。そして本条に基づいて「国会議員の歳費，旅費及び手当等に関する法律」（歳費法）が制定され，議員に対し歳費のほか，文書通信交通滞在費等が支給されている。
　かつて，ヨーロッパで議会制が普及するなか，議員を無報酬の名誉職とする慣行があったが，それでは裕福な者しか議員になることができないため，報酬の支給が一般的となった。明治憲法下の帝国議会においても，皇族と公侯爵以外の議員には歳費が支給されていた。

用　語

▶1　公侯爵
　貴族の血統による世襲や国家功労者へ授与される栄誉称号である爵位（しゃくい）のうち，最も上位の位を公爵，その次の位を侯爵という。

なお,「国会議員の歳費, 旅費及び手当等に関する法律」において現在, 国会議員の歳費等は次のように定められている。

種　別	金額等
歳費（給料）（歳費法1条）	月額129万4,000円
文書通信交通滞在費※（歳費法9条1項） ※公の書類を発送し及び公の性質を有する通信をなす等のための費用	月額100万円
職務の遂行に資するための交通手段	JR特殊乗車券又は航空券
その他	期末手当（ボーナス）等がある。

3 不逮捕特権

　議員は, 法律の定める場合を除いては, 国会の会期中, 不逮捕特権を有する。政府の方針に反対する議員の身体を拘束するような事態を防止するとともに, 当該議員がいないために各院の充実した審議ができない事態に配慮したのである。そこで, 会期前に逮捕された議員は, その議院の要求があれば, 会期中これを釈放しなければならないとしている。なお, 国会閉会中は, 不逮捕特権は及ばない。

　不逮捕特権は,「法律の定める場合」には解除される。具体的には, 国会法33条において, ①院外における現行犯逮捕の場合と, ②所属の院（衆議院議員であれば衆議院, 参議院議員であれば参議院）の許諾（逮捕許諾）があった場合が定められている。現行犯逮捕の場合は, 不当逮捕の可能性が少ないからである。院の許諾は, 議員運営委員会の審査を経て, 本会議の決議により行う。これまで24回の逮捕許諾が行われているが, 最近の事例では, 2002年に衆議院があっせん収賄被疑事件で衆議院議員の逮捕を許諾したというものがある。これに対し, 会期前に逮捕された議員の釈放要求決議が行われたことはない。

ちなみに，不逮捕特権は明治憲法53条にも規定がおかれていたが，内乱罪又は外患罪は例外と規定されていた。
▶2

4 免責特権

議員は，議院で行った演説，討論又は表決について，院外で責任を問われない特権を有する。

議員が本会議や委員会等における演説，討論等で特定の人物の名誉・プライバシーを侵害することを発言しても，損害賠償の責任を負わされず（民事免責），名誉棄損罪で起訴されることはない（刑事免責）。委員会や本会議で，選挙公約に違約する投票行動をしても，選挙民から賠償を求められることもない。次の選挙で洗礼を受けるという政治的責任を残すのみである。

この免責特権は，議員の活動が他の国家機関から干渉されることを排除し，自由な討議を確保しようとしたものである。したがって，「議院で行った」とは国会議事堂内という物理的な概念ではない。衆議院の委員会が地方公聴会を開催した場合には，その地方公聴会において議員が公述人に対して行った質問等も免責対象である。本条は「院外で」責任を問われないというにとどまるのであって，議員の発言が院の秩序を乱すものとして院の決議で懲罰に付される余地は残る（58条2項）。

他の国の憲法は？
アメリカ合衆国憲法第1条第6節第1項

上院議員および下院議員は，その職務に対し報酬を受ける。この報酬は，法律によって定められ，合衆国の国庫から支出されるものとする。両議院の議員は，叛逆罪，重罪および公安を害する罪によるほか，会期中の議院に出席中，およびこれに往復の途上において逮捕されない特権を有する。議員は，議院における発言または討議について，院外において責任を問われない。
▶3

➡この規定は，日本国憲法49条〜51条の原型と考えられる。

用 語

▶2 内乱罪・外患罪

国の統治機構を破壊することなど目的として暴動をする犯罪を内乱罪といい，外国と通謀して，日本国に対して武力を行使させ，又は日本国に外国から武力行使があった際に加担するなどの犯罪を外患罪という。

アメリカ合衆国憲法は，『新解説世界憲法集』（初宿正典，辻村みよ子著　三省堂）p.75〜76 より

用 語

▶3 叛逆罪

合衆国に対し戦いを起こし，敵に援助及び助力を与えて加担する行為をいう（第3条第3節第1項）。

第5編　第10講　行政権

> **第65条〔行政権と内閣〕**
> 　行政権は，内閣に属する。
>
> **第73条〔内閣の事務〕**
> 　内閣は，他の一般行政事務の外，左の事務を行ふ。
> 一　法律を誠実に執行し，国務を総理すること。
> 二　外交関係を処理すること。
> 三　条約を締結すること。但し，事前に，時宜によっては事後に，国会の承認を経ることを必要とする。
> 四　法律の定める基準に従ひ，官吏に関する事務を掌理すること。
> 五　予算を作成して国会に提出すること。
> 六　この憲法及び法律の規定を実施するために，政令を制定すること。但し，政令には，特にその法律の委任がある場合を除いては，罰則を設けることができない。
> 七　大赦，特赦，減刑，刑の執行の免除及び復権を決定すること。

1　65条の基本的意味

　本条は，行政権は内閣に属するとする。

　「行政権」の意味については，すべての国家の権限から立法権と司法権を除いた残余の作用であるとする考え方（これを「控除説」という）が支持されてきた。それは，かつて君主が有していた包括的な支配権から，立法権が国民の代表である議会に，司法権が独立の裁判所に，それぞれ移譲されて残った部分が行政権であるという歴史的沿革に適合しているうえ，巨大な行政機構が担っている多種多様な作用（法律の執行，政策立案，外交その他）を包括的に捉えることができるからである。

　これに対して，①現代の福祉国家における行政権をより積極的に定義すべく，「法の下に法の規制を受けながら，国家目的の積

用語

▶1　福祉国家
　国民に生存権を保障し，平等に福祉（安定し，豊かな生活を送れること）の分配をめざす国家のこと。

極的な実現をめざして行われる全体として統一性をもった継続的な形成的な活動」と定義する立場，②行政権を自らの政策を法律の執行という形態で遂行する活動（政策実現に必要な法律案の国会への提出を含む）と位置づける考え方や，③国の政策を積極的に形成する政治的権限と捉える考え方などが提唱され，現在，多様な議論が交わされている。

　本条は，行政権は内閣に属すると規定するが，41条が「国会は…国の唯一の立法機関」とし，76条が「すべて司法権は…」裁判所に属すると規定するのと異なり，あらゆる行政作用を内閣に執行させるわけではない。72条が「行政各部」と規定するように，憲法は内閣のほかに，行政各部の設置を予定しているし，実際に行政権の多くは行政各部の機関において行使されている。

　例えば，原子力発電所の規制基準への適合性審査は，法律の規定に基づき，原子力規制委員会が実施している。内閣が「その審査はおかしいから修正しなさい」などと介入することは法律上，認められていない。内閣は行政権の中枢にあって，行政各部を指揮監督し（72条），その全体を総合調整し，統括する地位にあるのである。

CHECK
▶2 65条には「唯一の」（41条）という言葉も，「すべて」（76条）という言葉も用いられていない。

2 内閣の職権

　73条は，内閣の主要な職権を規定する。すなわち，一般行政事務のほか，①法律の誠実な執行と国務の総理，②外交関係の処理，③条約の締結，④官吏に関する事務の掌理，⑤予算の作成と国会への提出，⑥政令の制定，⑦恩赦の決定である。

　1号の法律の誠実な執行は，行政の中心的な作用である。ただ，内閣そのものが具体的な法律執行の権限を有するのは稀であり，趣旨としては，法律が誠実に執行されるよう配慮するという意味である。同号の「国務の総理」は抽象的な概念だが，社会に必要な政策を策定し，各方面との総合調整を図りつつ，これを実施していく作用と考えられる。例えば，国の特定の省と地方公共団体

の意見が衝突する重要課題があれば，その調整をし，打開策を探る営みなどがこれに含まれるであろう。

　2号及び3号は，外交関係に関する権限である。3号については155ページを参照されたい。その他の外交関係の処理については，包括的な権限が内閣に付与されている。

　4号の官吏に関する事務とは，国家公務員に関する事務である。

　国の政策の裏づけは予算に示される。したがって，5号の内閣の予算編成権は，国政に占める内閣の位置づけが示されている。ただし，財政民主主義の観点から予算は国会の同意を受けることを要する。▶3

▶3 財政民主主義については，202ページを参照。

　6号は，内閣の政令制定権限を規定している。憲法には明示的に規定されていないが，各府省大臣の制定する府令・省令が存在する（国家行政組織法12条1項）。政令と府令・省令をひっくるめて「命令」という。これらの命令は，委任元の法律の名称が「××法」であれば，「××法施行令」，「××法施行規則」などの名称がつけられることが多い。

　このような命令は，国会を唯一の立法機関とする41条の例外をなすもので，**委任立法**という。したがって，法律の執行のための細目を定める執行命令（例えば，法律で一定の事実の届出を義務づける場合に，その届出の書式を定めるものがこれに属する）と，法律の委任に基づく委任命令のみが認められると解されている。▶4

▶4 細目
細かな事項のこと。

　法律の委任とは，具体的には，次のようなものである。個人情報の保護に関する法律2条3項は，個人情報の取扱いについて厳格な規律に服する「個人情報取扱事業者」の範囲を定めるが，同項5号では「その取り扱う個人情報の量及び利用方法からみて個人の権利利益を害するおそれが少ないものとして政令で定める者」は除くと定め，この委任を受けて「個人情報の保護に関する法律施行令」2条において，保有する個人情報が5,000人分以下である事業者を除外事業者として定めている。

このように法律が政令・府省令に一定の事項の定めを委任するのは、技術的・専門的事項についての立法の必要性があること、及び経済情勢等の変動に応じて機動的に改正することを要する事項について改正手続に時間を要する法律に書くのでなく政令や府省令に落とすことが必要だからである。

このように委任命令の場合には、法律の条項で、どのような範囲で委任するか、枠を嵌め、その範囲内で命令を規定することが求められる。法律が枠を嵌めずに命令に丸投げで委任することは、憲法が国会に付与した立法権を放棄するもので許されない。このような委任を「白紙委任」と呼ぶ。

罰則の定めを委任する場合には、憲法31条が求める罪刑法定主義の観点から、さらに明確な枠を嵌めた委任が必要である。例えば、法律で単に「政令で定める行為をした者は懲役○年以下の罰金に処する」と規定すれば、憲法違反であることは疑いがない。

最後に7号の恩赦とは、犯罪者を許す制度である。内閣が恩赦を決定し、天皇が認証する。具体的には、有罪の判決の効力を消滅させたり、有罪判決に伴い制限された公民権の回復をするなどで、これらは国家の慶事等に際して行われ、具体的には恩赦法に基づき行う。最近の事例では、皇太子の結婚に際し1993年6月9日に行われたものがある。

以上のほか、内閣は、天皇の国事行為に対する助言と承認の権限（3条）、国会の召集の決定権（52条、53条、7条2号）、衆議院の解散の決定（7条3号）、最高裁判所の長官を指名し（6条2項）、その他の裁判官を任命する権限（79条1項）を有する。

用語

▶5 機動（的）
物事を状況に応じて、すみやかに展開・運用すること。法律の改正は、154ページの図のような国会の手続を要するが、政令の改正は閣議決定のみ、省令の改正は大臣の決裁のみで行うことができ、スピード感が違う。

CHECK

▶6 罪刑法定主義とは、どのような行為を処罰し、どのような罰を科すかが事前に、法律で明確に定まっていなければならないという刑法の大原則のこと。

第5編 第11講 議院内閣制と大統領制

1 議院内閣制

　民主的な統治制度の主なものには，議院内閣制と大統領制がある。まず議院内閣制は，イギリスを母国とする。同国の内閣は，国王の臣下である大臣が集団を形成し，行政権を国王と分有するようになったことに由来する。議会が国政上優位となるに従い，内閣は，国王と議会の両方に対して責任を負うこととなったが，次第に国王の権力が形骸化すると，内閣は議会（特に庶民院）の信任を得て仕事をするという建前が確立した。

　議院内閣制の特徴は，**行政権を担う内閣の首長である内閣総理大臣が議会の多数派（与党）から選出**されること，そして，**内閣がその存立を議会**（二院制を採用する場合には，国民から選挙される議員で構成する下院）**の信任に依拠**していることである。そして，議会と内閣の権力の均衡上，内閣に議会の解散権を与えることが多い。

　日本の統治システムは，議院内閣制である（次講参照）。議院内閣制は，さまざまなバリエーションをもちつつ，世界の統治制度に浸透した。それは，議会の多数派が政府を支える仕組みが，基本的には政治の安定に資するためであると考えられる。

> **CHECK**
> ▶1 今日においても，国王（女王）は庶民院の選挙の結果を受けて，多数党の党首を直接任命している。国会で首班指名をする日本と異なる。

> **CHECK**
> ▶2 179ページの「他の国の憲法は？」で述べるように，議会任期固定法によって，内閣の解散権は非常に限定されたものとなっている。

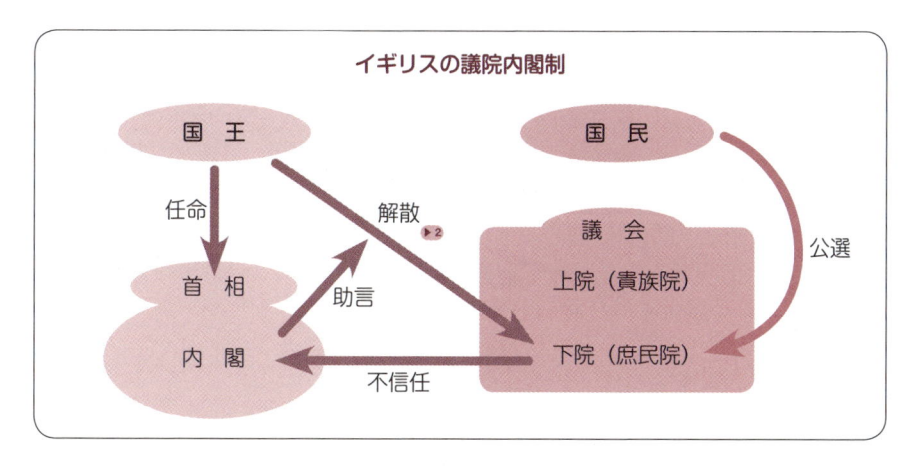

イギリスの議院内閣制

国王 —（任命）→ 首相
国王 —（解散 ▶2）→ 下院（庶民院）
内閣 —（助言）→ 国王
議会（上院（貴族院）／下院（庶民院））
下院（庶民院）—（不信任）→ 内閣
国民 —（公選）→ 議会

169

2 大統領制

これに対し，アメリカ合衆国を代表例とする大統領制は，**議会と政府を完全に分離し**，行政権を担う大統領を公選するという仕組みである。

すなわち，国民が公選する議員で構成する議会と国民が間接選挙で選ぶ大統領が並列する関係に立つ。大統領は議会に責任を負わないし，議会から不信任される地位にもない。一方，大統領には議会の解散権がなく，議会の議員との兼職も禁止される。また，大統領は，法案提出権を有しない。そこで，その政策を実現するための必要な法律を制定することなどを議会に勧告する「教書」を発する（アメリカ合衆国憲法第2条第3節）。

国民から公選される大統領はカリスマ性をもち，強い指導力を発揮し得る。しかし，大統領と議会の多数派が衝突する場合には，不信任も解散もないのであるから，これを解消するすべがないという短所がある。

▶3 しかし，議会は頻繁に公聴会を開催して政府の考え方を聴取している。

用語

▶4 **大統領選挙**
選挙は，民主党・共和党が半年以上を費やして決めた候補の一騎打ちで行う。各州の大統領選挙人（いずれかの党に所属し，投票先を誓約する）を奪いあい，過半数を得た側が当選する。形式上間接選挙であるが，実質上直接投票である。

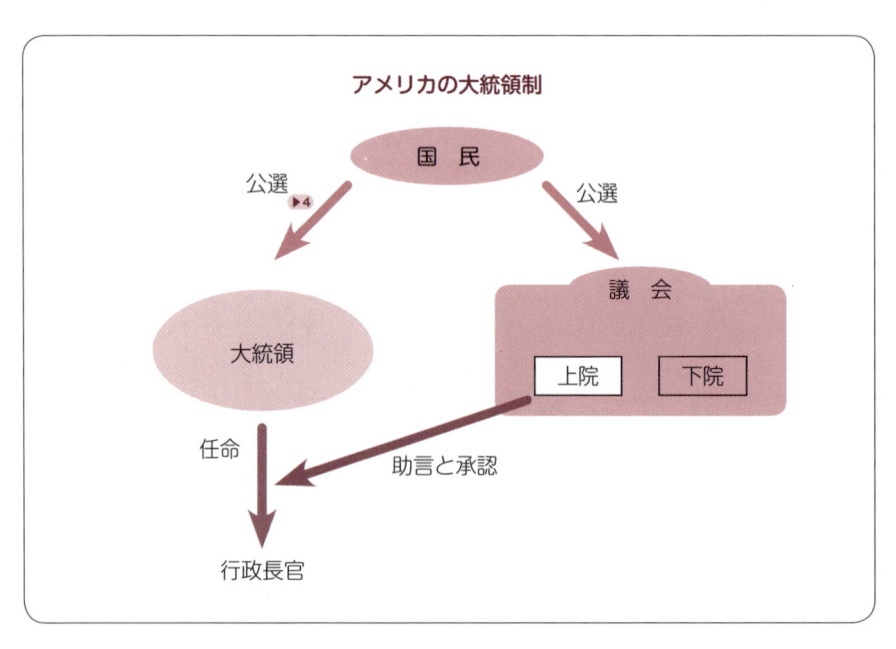

アメリカの大統領制

国民 —公選▶4→ 大統領
国民 —公選→ 議会（上院・下院）
大統領 —任命→ 行政長官
上院 —助言と承認→（大統領の任命に対して）

第5編　第12講　日本の議院内閣制

第66条〔内閣の組織〕

1　内閣は，法律の定めるところにより，その首長たる内閣総理大臣及びその他の国務大臣でこれを組織する。
2　内閣総理大臣その他の国務大臣は，文民でなければならない。
3　内閣は，行政権の行使について，国会に対し連帯して責任を負ふ。

第67条〔内閣総理大臣の指名、衆議院の優越〕

1　内閣総理大臣は，国会議員の中から国会の議決で，これを指名する。この指名は，他のすべての案件に先だつて，これを行ふ。
2　衆議院と参議院とが異なつた指名の議決をした場合に，法律の定めるところにより，両議院の協議会を開いても意見が一致しないとき，又は衆議院が指名の議決をした後，国会休会中の期間を除いて十日以内に，参議院が，指名の議決をしないときは，衆議院の議決を国会の議決とする。

第68条〔国務大臣の任免〕

1　内閣総理大臣は，国務大臣を任命する。但し，その過半数は，国会議員の中から選ばれなければならない。
2　内閣総理大臣は，任意に国務大臣を罷免することができる。

第69条〔衆議院の内閣不信任決議〕

　内閣は，衆議院で不信任の決議案を可決し，又は信任の決議案を否決したときは，十日以内に衆議院が解散されない限り，総辞職をしなければならない。

第70条〔内閣総理大臣が欠けたとき等〕

　内閣総理大臣が欠けたとき，又は衆議院議員総選挙の後に初めて国会の召集があつたときは，内閣は，総辞職をしなければならない。

第5編　統治機構・地方自治

第71条〔総辞職後の内閣の職務〕
前二条の場合には，内閣は，あらたに内閣総理大臣が任命されるまで引き続きその職務を行ふ。

第72条〔内閣総理大臣の職務〕
内閣総理大臣は，内閣を代表して議案を国会に提出し，一般国務及び外交関係について国会に報告し，並びに行政各部を指揮監督する。

第74条〔署名〕
法律及び政令には，すべて主任の国務大臣が署名し，内閣総理大臣が連署することを必要とする。

第75条〔国務大臣の訴追〕
国務大臣は，その在任中，内閣総理大臣の同意がなければ，訴追されない。但し，これがため，訴追の権利は，害されない。

1 66条の基本的意味（内閣の組織）

まず66条1項では，内閣は首長たる内閣総理大臣とその他の国務大臣で組織する合議体であることを規定する。これらの大臣は内閣の構成員であるとともに，各府省の長として行政事務を担当する（内閣法3条1項）。内閣総理大臣は内閣の首長（head）たる大臣であるとともに，内閣府という役所の長である。ただし，役所の長とならない国務大臣をおくこともできる（内閣法3条2項。これを「無任所大臣」という）。

内閣法上，国務大臣の数は原則14名（特別の必要があるときは17名まで増員可）とされている（内閣法2条2項）。

そして，内閣総理大臣は，内閣の首長である（66条1項）。明治憲法下において，内閣総理大臣は「同輩中の首席」とされ，

用語

▶1 首長
首長（head）とは，他の国務大臣の上位にあり，内閣の中核にある者という意味である。

▶2 合議体
複数の構成員の合議によって，その意思を決定する組織体のこと。

172

他の国務大臣と対等の地位を有するに過ぎなかったのに対し，日本国憲法は，その地位の強化を図った。首長であることを裏づけるため，国務大臣の任免権（68条）や，訴追同意権（75条）を付与した。

また，内閣総理大臣及びその他の国務大臣は「文民」であることを要する（66条2項）。この規定を文民条項という。文民とは英語のcivilianの訳語である。文民条項は，軍部の政治に対する介入を排除するとともに，政治が軍部を統制しその暴走を抑止しようとするものである（文民統制〔civilian control〕）。

文民条項は，軍隊が存在する場合にのみ意味を有するものである。よって，憲法制定過程において，戦力不保持を定めた9条2項を含む憲法改正案には，おかれていなかった。ところが，同項に「前項の目的を達成するため」という文言を追加した衆議院における芦田修正（14ページ及び32ページを参照）によって，極東委員会は再軍備の可能性が生じたと考え，日本に文民条項の追加を求め，これを受けて，貴族院の修正で，現在の規定となったのである。

憲法施行後，本項の「文民」とは職業軍人の経歴のない者とか軍国主義に深く染まっていない者などと解されていたが，戦後70年を経過した現在，旧日本軍の軍人としての経歴の存否を問うことは実際上の意義に乏しい。これに対し，自衛官の職にある者は「文民」ではないと解すべきである。実力組織である自衛隊に対する文民統制を図る必要があるからである。

66条3項は，内閣が，行政権の行使についての国会への連帯責任を負うことを規定した。明治憲法の下では，各国務大臣が個々に天皇に対し責任を負っていたが，内閣の国会に対する連帯責任を定めた。

この責任とは，内閣の存続が国会の信任に依拠するという意味における政治責任である。衆議院が内閣不信任を決議し，内閣が衆議院の解散か，総辞職のいずれかの選択を迫られ（69条），総

用語

▶3 同輩中の首席

明治憲法は，内閣や内閣総理大臣について規定がなかった。内閣総理大臣も「国務各大臣」の1人として，他の国務大臣と同格であった。内閣総理大臣は「内閣官制」（内閣制度について天皇が定めた命令）によって，「各大臣ノ首班トシテ機務ヲ奏宣シ旨ヲ承ケテ行政各部ノ統一ヲ保持ス」（2条）と定められていたが，この「首班」とは，いわゆる「同輩中の首席」（リーダー）という意味である。

辞職に追い込まれるというのは，その劇的な事例である。

そして，注意したいのは，この責任は衆議院への責任ではなく，「国会」への責任であるという点である。したがって，内閣が参議院と対立して，内閣の命運をかけるような重要法案が参議院で否決され，衆議院でも再可決されないために廃案となる場合は，国会の信任を得られない，すなわち，政治責任を果たすことができなくなっている状態と理解すべきである。

2 67条の基本的意味

内閣総理大臣は，国会議員の中から国会の議決でこれを指名し（67条1項。これを「首班指名」という），天皇が任命する（6条1項）。この首班指名をしないと，行政権を担う新しい内閣を組織することができない。そこで憲法は，首班指名を最優先議案とした（67条1項後段）。

首班指名について，衆議院と参議院の指名が食い違う場合に，両院協議会を開催しても意見が一致しないとき，又は衆議院の議決後10日以内に参議院が議決しないときは，衆議院の議決を国会の議決とする旨の規定がおかれている（同条2項）。

3 68条の基本的意味

内閣総大臣は，国務大臣の任免権を有する。国務大臣は，内閣総理大臣が任命し（68条1項），天皇が認証する（7条5号）。内閣総理大臣は，自分の意向に背く国務大臣を任意に罷免することができるのである。

国務大臣の過半数は国会議員でなければならない（68条1項）。実際の運用としては，民間人からの国務大臣への登用は多くなく，あっても，1つの内閣につき1人ないし2人程度である。

用語

▶4 廃案
法律案その他の案件が否決されるなどして，成立することのないまま，廃止されること。

用語

▶5 罷免
解職すること。いわゆる "クビ" にすること。

4 総辞職（69条〜70条）

内閣は，①衆議院が不信任決議案を可決し，又は信任決議案を否決したとき，10日以内に衆議院が解散されない場合，②内閣総理大臣が欠けた場合，③衆議院議員総選挙の後に初めて国会の召集があった場合は，必ず，総辞職しなければならない（69条, 70条）。

そして，内閣の総辞職の後，首班指名を経て，新たな内閣を組織する（67条，68条）。内閣総辞職の場合，旧内閣は，国会が首班指名をし，天皇が新たな内閣総理大臣を任命するまで，引き続きその職務を行う。これを，職務執行内閣という。

なお，69条，70条のほか，内閣は，いつでも総辞職をすることができる。

▶6 具体的には，内閣総理大臣の死亡や辞職などである。

5 議案提出権・行政各部の指揮監督権等

72条は，内閣総理大臣が内閣を代表して議案を国会に提出し，一般国務及び外交関係について国会に報告し，並びに行政各部を指揮監督することを規定している。

内閣総理大臣が行政各部に対し指揮監督権を行使するためには，閣議にかけて決定した方針が存在することを要するが（内閣法6条），内閣総理大臣は，閣議決定がなくても，内閣の明示の意思に反しない限り，行政各部に対し，随時，その所掌事務について一定の方向で処理するよう指導，助言等の指示を与える権限を有すると解されている。

▶7 議案に「法律案」が含まれることについては，134ページを参照。

6 法律・政令への署名・副署

74条は，法律・政令について，その執行責任を明確にするため，主任の国務大臣が署名し，内閣を代表する者として内閣総理大臣が副署すべきことを定めるものである。

法律の公布について，法律案は，先議の議院で可決し，続いて後議の議院で可決すると法律として成立するが（59条），成立し

た法律が効力を発生するためには，公布の手続が必要である。

「公布」とは，成立した法律を一般に周知させる目的で，国民が知ることのできる状態におくことをいう。法律の公布は，天皇の国事行為である（7条1号）。

法律が可決成立すると，その議院の議長は，内閣を経由して天皇に公布を奏上する。

この際，公布のための「助言と承認」（25ページを参照）の閣議において，法律の末尾に主任の国務大臣の署名と内閣総理大臣の副署をする。公布を奏上された天皇は，公布文に署名し，印鑑を押印する（これを「御名御璽」という）。

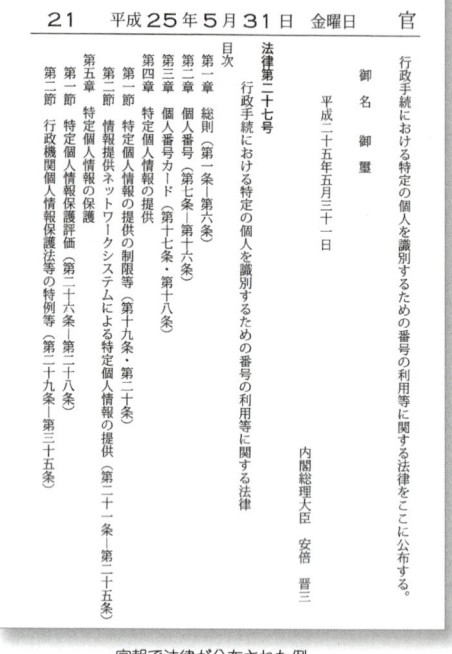

天皇の署名の隣に，「助言と承認」があったことを示すため内閣総理大臣が副署を行う。この手続を経て，法律が官報に掲載されて，公布となるのである。▶8

官報で法律が公布された例

7 訴追同意権

75条は，国務大臣は，その在任中，内閣総理大臣の同意がなければ，訴追されないとするものである。

訴追とは，検察官が行う起訴（被疑者の処罰を求める裁判所への請求）のことである。検察による不当な圧迫を防止し，内閣総理大臣の首長としての地位を強化するための規定である。

また，本条ただし書は，本条の特権について，国務大臣退任後には及ばないことを定めたものである。

用 語

▶8 官報
法律，政令，条約等の公布をはじめとして，国家機関の活動の諸報告や資料を公表する「国の広報紙」のこと。

第5編　第13講　衆議院の解散

> **第7条〔天皇の国事行為〕**
> 一～二　（略）
> 三　衆議院を解散すること。
>
> **第69条〔衆議院の内閣不信任決議〕**
> 　内閣は，衆議院で不信任の決議案を可決し，又は信任の決議案を否決したときは，十日以内に衆議院が解散されない限り，総辞職をしなければならない。

1 衆議院の解散の意義

　衆議院の解散とは，4年の任期の満了前にすべての衆議院議員の資格を失わせる行為である。解散の日から40日以内に，衆議院の総選挙を実施し，選挙日から30日以内に国会が召集される（54条）。そして，召集の際，内閣は総辞職し（70条），国会において新たに内閣総理大臣を指名し（67条1項），これを受けて任命された内閣総理大臣が，国務大臣を任命して（68条1項），内閣を組織する。

　このように，衆議院の解散は，内閣から国会（特に衆議院）に対する牽制装置であって，日本における権力分立の仕組みの1つであるとともに，現在の民意を問い，新たな政府を組成するきっかけともなるのである。

2 解散権の所在と解散の事由

　7条3号は，天皇の国事行為として衆議院の解散を規定しているが，天皇がその実質的な決定をするのでなく，内閣の助言と承認に基づき解散詔書を発する（7条柱書）。
　憲法には，どの機関が実質的な解散権をもつか明示した規定がない。冒頭の69条も内閣に解散権があることを明示したもので

用語

▶1　詔書
　天皇の意思表示を示す公文書のこと。

はなく（「衆議院が解散されない限り」という受け身の形で規定しているにとどまるから，その実質的な決定機関は明らかでない），ただ衆議院による内閣不信任決議への対抗措置として，内閣に衆議院の解散を決定する権限があることが示唆されるにとどまる。

また，7条3号（衆議院の解散という国事行為に対する内閣の助言と承認）も必ずしも決定的な規定ではない。国事行為に対する助言と承認と，その国事行為の実質的決定は別個である（その例として，内閣総理大臣の任命をあげられる）。

そこで，憲法施行後しばらく論争がされたが，現在では，天皇の国事行為を定める7条の規定によって，内閣に実質的な解散決定権があること，及び解散は69条の場合に限られるものでないという慣行が成立している。解散には，前記のように，これに引き続く総選挙で主権者としての国民の審判を求めるという民主的機能が認められるからである。過去の実例をみても，内閣不信任を経た解散は数例を数えるのみで，大部分の解散は69条以外の場合に行われている。

上記のように衆議院の解散は，内閣が国民の審判を求めるため，衆議院議員の全員を任期前に解職する制度である。したがって，憲法学説においては，審判を求めるにふさわしい理由（大義名分）が必要という考え方が支配的である。例えば，①内閣が最重要と位置づける法案が衆議院において否決された場合，②前の総選挙の際に国民に提示していなかった重大な立法や条約などの重要な政策を新たに行う場合，③政権の枠組みが変更された場合（単独政権⇒連立政権）などである。

歴代内閣は解散に際し，通例，その大義名分を提示してきた。ただし，実際には議院内閣制の下で内閣と与党（その内閣を生成した衆議院の多数党）は，通常，利害を共通にしているので，内閣は，世論の動向等を踏まえ，与党にとって有利な時期を見計らって解散を決定するともいわれている。

▶2 国会が内閣総理大臣を指名し，旧内閣の助言と承認に基づき，天皇が国事行為として内閣総理大臣を任命する。

衆議院議員が4年の任期をまっとうすることは稀で，議員は着任後2年半程度を経過すると，解散・総選挙に備え，準備を始めるのである。

他の国の憲法は？

①イギリス

2011年議会任期固定法に基づき，議会の任期が5年と固定され，①庶民院が議席数の3分の2以上の多数で早期議会選挙を行うべきことを可決した場合，②庶民院が政府を信任しない決議を可決した場合にのみ，解散し，早期議会総選挙を行うこととされている。

②ドイツ連邦共和国基本法第67条(1)

連邦議会は，その議員の過半数をもって連邦首相の後任を選出し，連邦大統領に対し，連邦首相を罷免すべきことを要請することによってのみ，連邦首相に対して不信任を表明することができる。（以下略）

➡これを，「建設的不信任」という。他方，連邦政府の側にも連邦議会を解散する方法が与えられている（68条）。

③フランス第5共和国憲法第12条第1項

共和国大統領は，首相および両院議長に諮問した後，国民議会の解散を宣告することができる。

➡他方，国民議会による政府不信任の制度があるが（第49条），政府が主導権をとって政府の綱領や一般政策について信任を求めることも認められ，かつ，不信任決議が成立しても，大統領は首相の辞職と国民議会の解散のいずれでも選択できる。

④アメリカ合衆国

大統領には議会の解散権がないし，議会も弾劾の場合を除き，大統領を解任することはできない。

ドイツ連邦共和国基本法は，『新解説世界憲法集』（初宿正典，辻村みよ子著　三省堂）p.191 より

フランス第5共和国憲法（1958年憲法）は，『フランス憲法入門』（辻村みよ子，糠塚康江著　三省堂）p.257 より

CHECK

▶3 過半数とは，文字通り「半」分を「過」ぎていることを意味する。例えば，10人の過半数は，半分の5人を「過」ぎている6人以上となる。

▶4 フランスの政治体制は，大統領制と議院内閣制の混合形態である。内閣が議会に責任を負う議院内閣制の要素をもちつつ，国民が直接公選する大統領が存在する。これを「半大統領制」という。

第5編　第14講　司法権

> **第76条〔司法権、特別裁判所の禁止、司法権の独立〕**
> 1　すべて司法権は、最高裁判所及び法律の定めるところにより設置する下級裁判所に属する。
> 2　特別裁判所は、これを設置することができない。行政機関は、終審として裁判を行ふことができない。
> 3　すべて裁判官は、その良心に従ひ独立してその職権を行ひ、この憲法及び法律にのみ拘束される。
>
> **第77条〔規則制定権〕**
> 1　最高裁判所は、訴訟に関する手続、弁護士、裁判所の内部規律及び司法事務処理に関する事項について、規則を定める権限を有する。
> 2　検察官は、最高裁判所の定める規則に従はなければならない。
> 3　最高裁判所は、下級裁判所に関する規則を定める権限を、下級裁判所に委任することができる。

1 条文の基本的意味 〜司法権の意味
（裁判所は政府の行為を裁くことができるか）

　76条は、**すべて司法権を最高裁判所及び下級裁判所に属させる**とするものである。そもそも「司法権」をどのようなものと考えるかについては、国や時代で異なる考え方がとられている。

　この点、明治憲法の下では、ドイツやフランスなどの大陸諸国の司法権に関する考え方を引き継ぎ、司法権とは、民事事件（貸金や代金を払え、土地を明け渡せ、離婚を認めよなど、人と人との間の紛争）や、刑事事件（被告人が罪を犯したのかどうか、いかなる処罰が適切かに関する検察官と被告人・弁護人の間の争い）を担当する権限であるとされた。

　すなわち、司法権とは「犯罪を処罰し、個人間の紛争を裁判す

る権力」であった。

　そして、同憲法下では、行政官庁の違法処分で権利を侵害されたとする訴訟において、行政裁判所の管轄に属するものは司法裁判所が受理できない旨を定め（61条）、行政事件（例えば、営業免許の拒否処分を違法であるとして政府を相手方として争う事件）は、司法権に含まれないと位置づけられていた。

　しかし、日本国憲法は行政事件について、民事事件を担当する通常の裁判所に審査させるという英米法の伝統の影響を受け、**行政事件を通常の裁判所に担当させることとした**。このことは、行政機関は、終審として裁判を行うことができないとする76条2項にあらわれている。そしてアメリカにならい、立法行為を含め、公権力の行使の憲法適合性を審査する違憲審査制度（81条）を採用したことから、アメリカ型の司法権の考え方を採用したということができる。

　この結果、日本国憲法の下における**「司法権」とは、一切の具体的な法律上の争訟（法律を適用して解決することができる紛争）について、事実を認定し、法を適用して、解決する作用**である、ということになった。すなわち、**裁判所は、政府の行為をめぐる紛争を裁く権限を有する**のである。

❷ 特別裁判所の設置の禁止

　76条2項は、特別裁判所の設置を禁止する。特別裁判所とは、特別の事件や人を管轄する裁判所で、最高裁判所以下の通常裁判所の系列に属しないもののことであり、戦前の軍法会議がその典型である。なお、家庭裁判所は、夫婦問題や相続問題などの家事事件や、少年事件のみを管轄するが、その裁判に不服がある者は高等裁判所に上訴することができるから、特別裁判所に該当しない。

　行政不服審査法その他の法律において、行政庁の処分（例えば、課税処分）に対する不服について、行政機関が判断する仕組みが

CHECK

▶1　違憲審査制度については、195ページ参照。

用語

▶2　軍法会議
　軍規違反に対して、軍法に従って、軍によって行われる裁判のこと。

▶3　上訴
　裁判が最終的に確定する前に、その適法性・妥当性について、上級裁判所に対し再審査を求める不服申立方法。

設けられているが（この場合の判断行為については、「裁決」等の名称がつけられている）、その判断に不服がある場合も通常の裁判所に訴えることができるため（すなわち、終審としてするものでない）、認められる（76条2項後段）。

3 下級裁判所の設置

下級裁判所の設置は、法律の定めるところによると規定されている（76条1項）。

現在、下級裁判所には、**全国に8つの高等裁判所、都道府県ごとに設置する地方裁判所及び家庭裁判所**（それぞれ、支部が設けられる場合がある）、**その他、数多く設置される簡易裁判所**（簡易裁判所は、請求金額が少額である事件等を管轄する国民に身近な裁判所である）がある。

多くの事件では、地方裁判所に訴えを提起し（第一審）、その判決に不服がある場合には、高等裁判所に控訴し（控訴審）、さらに最高裁判所に上告するいわゆる「三審制」を採用している。ただし、各審級の審理は同じではない。「事実」認定は第一審と控訴審の職権であり、これに対して、最高裁判所は法律審といわれるように、訴訟法上、原審（高等裁判所）の判決が憲法に違反するなどの重大な事案のみを扱う仕組みがとられている。

4 規則制定権

77条は、最高裁判所に、訴訟手続、裁判所の内部規律及び司法事務処理に関する事項等について、規則制定権を付与した。ただし本条は、これらの分野を「法律」で規定することを禁止し、専ら裁判所規則の守備範囲とするものではない。

そもそも憲法は、下級裁判所の設置その他の裁判所の内部規律を法律で定めようとしているし（76条1項など）、刑罰を科すには、法律の定める手続によれと規定している（31条）。

実際の規定の在り方として、民事訴訟法や刑事訴訟法が訴訟手

CHECK

▶4 裁判所規則は、政省令と違い、法律の委任を要せず、77条を直接の根拠として定めることができる。例えば、証人尋問に関する重要なルール（交互尋問）は、規則で定められている。

続の根幹を規律し，裁判所規則が，法律で書いていない部分や細則的部分を定めるものとなっている。

5 司法権の限界 〜どんな紛争でも裁けるわけではない〜

前記のとおり，司法権は一切の具体的な法律上の争訟（紛争）を解決する作用だが，たとえ法律上の紛争であっても，司法権が及ばないものがある。

まず1つめは，議員の資格争訟（55条，158ページを参照）や，裁判官の弾劾裁判（64条，187ページを参照）のように，議院の自律権や裁判官の身分保障の観点などから，憲法が別の機関に裁判権を付与した事項である。

次に2つめは，国際法上の治外法権など，条約や国際法で日本の司法権を排除したものである。ウィーン外交関係条約による外交官の裁判免除特権などがこれに該当する。裁判所は，一部の例外を除き，外交官に対する裁判権を有しない。

そして3つめは，前二者のように具体的な根拠規定はないが，裁判所の審理に適しないと考えられる事項である。以下，この点について詳しく確認してみよう。

(1) 各国家機関の自律権

議院の議員に対する懲罰や議事手続は，各議院の自律に属し，司法審査に適しないと解されている。議員が懲罰処分を不服として裁判所に訴えても，裁判所はこれを門前払いすることになる。

(2) 裁量行為

他の国家機関の自由裁量に属すると解される行為が存在する。例えば，内閣総理大臣が他の大臣を任命・罷免する行為（68条）は，当不当の問題，政治責任を生じうるが，裁判所の審査は及ばない。

用語

▶5 **自律権**
他の機関等からの監督や干渉を受けることなく，組織や運営などに関して，自主的に決定できる権能のこと。

▶6 **治外法権**
ある国内であっても，その国の主権（特に裁判権）に服さない権利のこと。

(3) 部分社会の法理

　県議会などの地方議会も，所属の議員に対し懲罰をすることができる（地方自治法134条，135条）。例えば，県議会で侮辱的発言をしたために懲罰処分を受けた議員が，裁判所にその取消しを求めた場合，裁判所はこれを審理するであろうか。

　この点，地方議会の懲罰は，議院自律権と異なり司法審査を拒否する憲法上の規定は見いだせない。しかし，最高裁判所は，自律的な法規範をもつ社会・団体にあっては，その規範の実現をその社会・団体に任せ，裁判所が介入すべきでない領域があるとして，地方議会の議員に対する一定期間の出席停止の処分は，まさにこれに当たるという（最高裁判所大法廷判決昭和35〔1960〕年10月19日）。

　他方，懲罰の中の最も重い「除名処分」は，議員の地位を喪失させるもので，議会の内部に止まらないから司法審査の対象となるともしている。このような考え方を「部分社会の法理」という。最高裁判所は，この法理を，学生が大学の単位不認定処分を不服として，裁判所にその取消しを提訴した「富山大学単位不認定事件」や，政党が党員に対してした処分の効力が争われた事件にも及ぼしている。

(4) 統治行為

　直接，国家統治の基本に関する高度に政治性のある国家行為は，事柄の性質上，司法審査から除外されるという理論である。統治行為の理論が用いられた事件として，次のものがある。

■砂川事件

　1つめが，日米安全保障条約の合憲・違憲が争点となった砂川事件である。最高裁判所は，安保条約のような主権国としての日本の存立の基礎に極めて重大な関係をもつ高

▶7 35ページを参照。

度の政治性を有する条約が違憲かどうかは，国会・内閣の高度の政治的ないし自由裁量的な判断を要するとして，司法審査が及ばないとした。

ただし，そのような条約であっても「一見極めて明白に違憲無効」の場合には司法審査が及ぶものともしている。

■苫米地事件

もう1つが，衆議院議員苫米地義三が1952（昭和27）年8月28日にされた衆議院の解散（「抜き打ち解散」と呼ばれるものである）は，違憲・無効であるとして衆議院議員たる地位の確認を求めた事件である。

苫米地氏は，①内閣による衆議院の解散は，内閣不信任決議に対抗して行うものしか認められないのに，この解散が憲法7条を根拠として行われたこと，②解散を決定するに必要な適法な閣議を欠くことを理由として，訴えた。

これに対して最高裁判所は（昭和35〔1960〕年6月8日），このような高度に政治性のある国家行為は，裁判所の審査権の外にあり，その判断は主権者たる国民に対して政治的責任を負うところの政府，国会等の政治部門の判断に委され，最終的には国民の政治判断に委ねられているものと解すべきであるとした。

「高度の政治性」という枠組みで，司法審査を限定してしまう理論には，政治部門の行為を結果的に追認するものであるとして，批判が強いが，実際に適用されたものは上記の2つのみである。このうち，苫米地事件は，①の点は(2)の裁量行為，②の点は(1)の自律権の考え方で処理できるから，「高度の政治性」という理屈をもち出す必要はないとの指摘もされている。

第5編 第15講 司法権の独立

> **第76条3項〔司法権の独立〕**
> 1・2 (略)
> 3 すべて裁判官は，その良心に従ひ独立してその職権を行ひ，この憲法及び法律にのみ拘束される。
>
> **第64条〔弾劾裁判所〕**
> 1 国会は，罷免の訴追を受けた裁判官を裁判するため，両議院の議員で組織する弾劾裁判所を設ける。
> 2 弾劾に関する事項は，法律でこれを定める。
>
> **第78条〔裁判官の身分保障〕**
> 裁判官は，裁判により，心身の故障のために職務を執ることができないと決定された場合を除いては，公の弾劾によらなければ罷免されない。裁判官の懲戒処分は，行政機関がこれを行ふことはできない。

1 76条3項の基本的意味

本項は，**裁判官の職権行使の独立**を定めるものである。裁判が公平に行われ，基本的人権が保障されるためには，裁判官が圧力や干渉を受けずに職権を行使することが必要である。裁判官が政府の意向に屈するようでは，政府による人権侵害について司法救済を得られない。立憲的意味の憲法において裁判官の職権行使の独立が広く認められるゆえんである。▶1

本項の「良心」に従いとは，裁判官の個人的・主観的な良心ではなく，**裁判官としての職業的良心**に従って，事実を認定し，法を適用すべきことを意味する。

また，「独立して」とは，**裁判官が立法府・行政府からの指示・命令，干渉を受けないことのみならず，最高裁判所以下の司法府**

▶1 立憲的意味の憲法については，8ページを参照。

内部における何らの指示等をも排除されることを意味する。後者を特に「裁判官の職権の独立」という。

2 司法の独立を巡る事件～大津事件その他～

　大日本帝国憲法下において、1891年に訪日中のロシア皇太子ニコライⅡ世が、滋賀県大津市で当地の巡査に切りつけられる事件が起きた。当時、皇族以外の者に対する殺人未遂罪の処罰の上限は、無期徒役（懲役）と定められていたが、政府は、強国ロシアに対する外交上の配慮から、事件を担当する裁判官に対し、天皇・皇族に対する大逆罪の規定を類推適用して、被告人を死刑に処するよう圧力をかけた。
▶2　▶3

　これに対し、大審院長の児島惟謙が政府の圧力をはねつけ、司法府の長として担当裁判官に説得し、刑法の規定に従い、無期懲役の判決を出させたというものである。児島は、政府からの司法府の独立を貫いたとはいえるが、大審院長の地位を利用して裁判官の職権行使に介入したもので、問題があった。
▶4

　司法権の独立をめぐっては、この大津事件のほか、国政調査権の項目（第8講）で説明した「浦和事件」、「吹田黙禱事件」（刑事裁判の法廷で被告人らがした朝鮮戦争戦死者への黙禱行為を裁判長が制止しなかった件について、国会の裁判官訴追委員会が担当裁判官の訴訟の運営の当否を調査することを決定し、最高裁判所がこの訴訟運営について「まことに遺憾」とし、「法廷の威信について」とする通達を出したという事件）などがある。
▶5　▶6

3 裁判官の罷免の限定

　裁判官の独立を担保するため、裁判官の罷免は、(1)心身の故障に基づく執務不能と決定する裁判がされた場合及び(2)公の弾劾による場合に限定されている（78条）。(1)の裁判については、裁判官分限法に定めがある。

　公の「弾劾」とは、罷免の請求に基づき公務員を罷免する裁判

用語
▶2　**大逆罪**
　刑法に定められていた天皇、皇后、皇太子などに危害を加え、又は加えようとした罪。刑罰は死刑。1947年に廃止された。

▶3　**類推適用**
　ある事実に対する規定がない場合、別の規定の趣旨をその事実にも及ばせることで、適用していく法解釈の技術。

▶4　**大審院**
　旧司法制度における最上級の司法裁判所。

CHECK
▶5　国政調査権については、159ページを参照。

用語
▶6　**通達**
　主に行政機関内部において、上級行政庁が下級行政庁に対し、細目的（細かな）な職務事項等の具体的な指針を示す文書を意味する。

187

第5編　統治機構・地方自治

のことである。64条及び裁判官弾劾法に基づき，国会に訴追委員会及び裁判官弾劾裁判所が設置されている。

裁判官弾劾法では，弾劾事由（罷免の理由）として，①職務上の義務に著しく違反し，又は著しく怠ったとき，②裁判官としての威信を著しく失う非行を定めている。

衆参各10人の国会議員で構成する裁判官訴追委員会が，いわば検察官役として，弾劾事由のある裁判官の弾劾を弾劾裁判所に請求する。これを受けて，衆参各7人の国会議員で構成する弾劾裁判所が裁判を行うという仕組みがとられている。

CHECK
▶7 143ページの図を参照。

■弾劾事例
　これまで，担当事件の弁護士からゴルフクラブの贈与を受けた裁判官，複数の少女に対する児童買春事案を引き起こした裁判官，裁判所職員に対しストーカー行為をした裁判官等が弾劾裁判で罷免されている。

他の国の憲法は？

アメリカ合衆国憲法第3条第1節
　合衆国の司法権は，1つの最高裁判所，および連邦議会が随時制定し設置する下級裁判所に属する。（以下略）

ドイツ連邦共和国基本法第92条
　裁判権は，裁判官に委任されており，連邦憲法裁判所，この基本法に規定されている連邦裁判所およびラントの裁判所によって行使される。

フランス第5共和国憲法
　フランスでは，裁判所は，司法裁判所，行政裁判所，憲法院の3つの系統が存在している。

アメリカ合衆国憲法は，『新解説世界憲法集』（初宿正典，辻村みよ子著　三省堂）p.80より

ドイツ連邦共和国基本法は，『新解説世界憲法集』（初宿正典，辻村みよ子著　三省堂）p.204より

第 5 編　第 16 講　裁判所の組織

> **第 79 条〔最高裁判所の構成，国民審査〕**
> 1　最高裁判所は，その長たる裁判官及び法律の定める員数のその他の裁判官でこれを構成し，その長たる裁判官以外の裁判官は，内閣でこれを任命する。
> 2　最高裁判所の裁判官の任命は，その任命後初めて行はれる衆議院議員総選挙の際国民の審査に付し，その後十年を経過した後初めて行はれる衆議院議員総選挙の際更に審査に付し，その後も同様とする。
> 3　前項の場合において，投票者の多数が裁判官の罷免を可とするときは，その裁判官は，罷免される。
> 4　審査に関する事項は，法律でこれを定める。
> 5　最高裁判所の裁判官は，法律の定める年齢に達した時に退官する。
> 6　最高裁判所の裁判官は，すべて定期に相当額の報酬を受ける。この報酬は，在任中，これを減額することができない。
>
> **第 80 条〔下級裁判所の裁判官の任期等〕**
> 1　下級裁判所の裁判官は，最高裁判所の指名した者の名簿によって，内閣でこれを任命する。その裁判官は，任期を十年とし，再任されることができる。但し，法律の定める年齢に達した時には退官する。
> 2　下級裁判所の裁判官は，すべて定期に相当額の報酬を受ける。この報酬は，在任中，これを減額することができない。

1 79 条の基本的意味

79 条は，最高裁判所の組織について定め，長たる裁判官（最高裁判所長官）及びその他の裁判官（最高裁判所判事）で構成されると規定する。

最高裁判所の設置以後，最高裁判所判事の人数は 14 人と定められている（裁判所法 5 条 1 項，3 項）。そして，最高裁判所長

官は，内閣の指名に基づいて天皇が任命し（6条2項），最高裁判所判事は，内閣が任命する。

　いずれにしても，アメリカの連邦最高裁判所の裁判官の任命が議会上院の承認を要するのと異なり，任命時に民主的なチェックの過程はない。その他本条は，最高裁判所裁判官の国民審査，定年等について定めている。

最高裁判所大法廷（最高裁判所の許可を受けて転載）

■裁判所法で定める最高裁判所裁判官の任命資格

　裁判所法は，最高裁判所の裁判官の任命資格について，識見の高い，法律の素養のある年齢40年以上の者としている（41条1項）。その前職の構成分布のあらましは，職業裁判官6名，検察官2名，弁護士4名，行政官（官僚）2名，大学教授（法律学）1名という人的構成である。

■最高裁判所の審理

　最高裁判所は，15名の裁判官全員で構成する大法廷と，5名ずつの裁判官で構成する三つの小法廷に分かれる。高等裁判所の判決に不服であるとして上告されるなどした事件は，いずれかの小法廷に係属する。その多くは小法廷で終結するが，憲法その他の法令の解釈適用について，前に最高裁判所がとった考え方を変更するなど，重要な事件は大法廷に回付され15名の裁判官全員で審理する。

用 語

▶1 係属
　訴訟法上では，ある訴訟が特定の裁判所で取扱中であることを意味する。特定の訴訟手続に乗っかっている状態のこと。

2 最高裁判所裁判官の国民審査

　憲法は，最高裁判所裁判官について，国民審査の制度を設けている。任命後初めて実施される衆議院議員総選挙の際に，国民の審査に付し，罷免(ひめん)を可とする投票が多数を占めたときは罷免されるというものである。その後，10年を経過するごとに同様の審査に服する。すなわち任命後に，民主的コントロールの仕組みとしての解職制度を設けているのである。

　最高裁判所裁判官国民審査法においては，**罷免すべきとする裁判官に×印を付し，そうでない場合には何も記入しない**という方式で行われる。×印を付して，積極的に罷免を求める意思を示さない投票（**白紙(はくし)投票**）は，「罷免すべきでない」という票として数えることとなるという意味である。

国民審査　投票用紙の例

　なお，裁判官の考え方や関与した判決を知らない多くの国民にとって，罷免の可否をどのように判断すればよいか戸惑(とまど)うというのが現実であろう。

3 下級裁判所の裁判官の任命等

　下級裁判所の裁判官は，最高裁判所の指名した者の名簿によって，内閣でこれを任命する（80条1項）。この名簿を指名名簿(しめいめいぼ)という。

■裁判官のリクルートの実際

　裁判官，検察官又は弁護士（以上を「**法曹三者(ほうそうさんしゃ)**」という）への就職希望者は，法科大学院(ほうかだいがくいん)（ロー・スクール），司法試験を経て，司法研修所で法律実務（裁判，検察，弁護）を修習(しゅうしゅう)する。裁判官を志(こころざ)す者は，司法研修所において裁判科目の教官に希望を表明し，教官が希望者を成績その他か

191

ら裁判官に適格であると判断し、無事、最終試験（「二回試験」と称する）に合格すれば、裁判官の指名名簿に登載されることとなる。このようにしてリクルートされた裁判官を「職業裁判官」という。一定期間弁護士をした者から裁判官を登用する「法曹一元制」を採用するアメリカと違い、日本では、司法研修所を卒業する時点で、法曹は3つの経路に分かれるのである。

下級裁判所の裁判官の任期は10年であって、再任制がとられている（80条1項）。再任されるかどうかは、最高裁判所が作成する指名名簿に登載されるかどうかにかかる（これを再任指名という）。

過去に再任拒否された事例が数件存在し、その著名なものが「宮本判事補再任拒否事件」である。この再任拒否は、宮本判事補が左翼的な団体である青年法律家協会に所属していたためではないかとの推測がされ、裁判官に萎縮的効果を及ぼした。青年法律家協会に所属していた裁判官の多くがこれを脱退したといわれる。近時の司法改革において、再任指名の透明性を図るため、最高裁判所に下級裁判所裁判官指名諮問委員会が設置されている。▶2

4 裁判官の報酬の減額禁止（79条6項, 80条2項）

最高裁判所及び下級裁判所の裁判官は、定期に相当額の報酬を受け、その額は在任中減額が禁止されている。裁判官の身分保障の一環である。

大災害（阪神淡路大地震や東日本大震災）が発生した場合に、復興財源の確保の一助として、国家公務員の報酬を一部減額するのと連動して、裁判官の報酬を減額する措置が講ぜられることがある。このような措置は、国家公務員の給与の減額に準じて行うもので、個々の裁判官や司法全体に圧力をかけることを意図したものでもないので、憲法に違反するものではないと解される。

用語
▶2 諮問
有識者や一定の機関に対して、意見を求めること。

第5編　第17講　裁判の公開

> **第82条〔裁判の公開〕**
> 1　裁判の対審及び判決は，公開法廷で行ふ。
> 2　裁判所が，裁判官の全員一致で，公の秩序又は善良の風俗を害する虞があると決した場合には，対審は，公開しないでこれを行ふことができる。但し，政治犯罪，出版に関する犯罪又はこの憲法第三章で保障する国民の権利が問題となつてゐる事件の対審は，常にこれを公開しなければならない。

1 条文の基本的意味

本条は，**裁判の対審及び判決言渡しの公開原則**を定める。これは，密室で根拠のない裁判が行われるのを排除しようとするものである。

まず，「裁判の対審」とは，訴訟の当事者が裁判官の目の前で言い分を述べ，証人を尋問する等の手続をいう。民事裁判における口頭弁論や当事者尋問，刑事裁判における冒頭陳述や証人尋問などと考えればよい。そして，「公開」とは，傍聴人に裁判の傍聴を許すことである。

裁判官全員一致で，公の秩序又は善良の風俗を害するおそれがあると決定した場合は，対審を非公開で行うことができる（82条2項）。この場合でも「判決の言渡し」は，公開で行う必要がある。

そして，政治犯罪，出版に関する犯罪又は基本的人権が問題となっている事件の対審は，絶対的公開である。戦前，治安維持法違反などの政治犯が密室で不当に裁かれたことに鑑みた規定である。

用　語

▶1　対審
訴訟（裁判）において，相対立する訴訟当事者が，裁判官を前にして，口頭でその主張を対抗させることによって行われる審理方式のこと。

2 裁判の公開原則と企業秘密

　例えば、営業秘密を侵害された企業が、加害者に対してその侵害の差止めや損害の賠償を求める訴訟において、侵害の事実を立証するための証人尋問を「公開」して行うと、営業秘密に該当する情報とその侵害の方法の証言が、法定にいる者に明らかとなって、傍聴人に営業秘密を開示してしまうこととなる。

　そこで、裁判官全員の一致で、この証人尋問について公開を停止し、傍聴人を排除して行うことができるという制度が設けられている（不正競争防止法13条）。これは、営業秘密の保護が本条2項の「公の秩序」に該当し得るとの解釈に基づく制度設計である。

3 メモ採取の可否

　現在、傍聴人が法廷でメモをとることは一般に認められているが、昔から自由であったわけではない。

　法廷でメモの採取の許可を求めたところ、これを不許可とされた傍聴人が、国に対し国家賠償を求めた裁判において、最高裁判所は、当該事案においてメモを取ることを禁止した裁判長の措置を国家賠償法にいう違法な公権力の行使とはいえないとしつつ、傍聴人のメモ採取はその見聞きする裁判を認識、記憶するためにされるものである限り、尊重に値するとして、メモ採取の自由を認めるべきとした（最高裁判所大法廷判決平成元〔1989〕年3月8日。この事件はアメリカ人弁護士である原告〔ローレンス・レペタ〕の名をとって「レペタ事件」といわれる）。

　この事件の後、傍聴人のメモ採取が一般に認められることとなったのである。

第5編　第18講　違憲審査権

第81条〔違憲審査権〕
　最高裁判所は，一切の法律，命令，規則又は処分が憲法に適合するかしないかを決定する権限を有する終審裁判所である。

1 条文の基本的意味と歴史的経緯

　本条は，最高裁判所が，一切の法律，命令，規則又は処分の憲法適合性を判断する終審裁判所であることを定めたものである。

　明治憲法の下では，立法機関（帝国議会）が立法権の行使というかたちで憲法の有権的解釈をしていた。裁判所に違憲審査権はなかったのである。

　これは近代立憲主義の確立期に広くみられた現象であり，西欧諸国において，基本的人権は議会が制定する法律によって保障されるという考え方が支配的だったことや，伝統的に裁判所に対する信頼が欠けていたことによる。

　その例外がアメリカ合衆国である。もともと合衆国憲法に違憲審査制に関する規定は存在しないが，連邦最高裁判所は，裁判所法という法律のある条項が憲法に適合するかどうかが争点となった事件において，裁判所には法律の憲法適合性を判断する権限があるとして，当該条項を違憲と判断し，その適用を拒否したことで，以後，裁判所の違憲審査制が確立した。その理論は，裁判所は法の適用を任務とする機関であるところ，裁判所は憲法を尊重しなければならないから，憲法に矛盾する法律の規定があれば，その無効を宣言して，その適用を排除すべきであるというものである。

　この制度は，しばらく議会を重視する傾向にあった大陸諸国の憲法には普及しなかったが，第二次世界大戦後に急速に違憲審査

> CHECK
> ▶1 フランスでは，アンシャンレジーム（革命前の旧体制）下の高等法院（上級裁判所）が封建勢力の拠点であったことへの不信があった。

制が拡大した。これは議会制定法によって独裁政治を行ったナチスの経験を踏まえ、法律に対する違憲審査の構築が必要と考えられたからである。しかし、アメリカ型の違憲審査制が各国憲法を席巻したのではない。

2 違憲審査制の異なる2つの型

違憲審査制には、次のように2つの型がみられる。

(1) アメリカ型の違憲審査制（付随的違憲審査制）

付随的違憲審査制とは、裁判所に係属した、具体的な事件の解決に必要な範囲で法律の憲法判断を行うものである。

近年の日本の事例でいえば、嫡出子と婚外子の相続分差別の問題（60ページを参照）において、民法900条4号ただし書前段が平等原則（14条）に違反し無効とされた事例がある。

これは、裁判所にもち込まれた具体的な遺産分割の事件に対し、裁判所として、その結論を出すうえで民法の上記規定を無効と解釈し、均等の相続分に従って、遺産の分割を命じたものである。

このように付随的違憲審査制とは、当該事件の解決に付随する形で、必要な違憲審査を行い得るというものである。そして、このような型の違憲審査であるからこそ、最高裁判所以外の下級裁判所も違憲審査をすることができる。この型の場合、裁判所は求められた遺産分割について「被相続人の遺産を均等に分割する」趣旨の回答をし（このように事件の解決に関する回答部分を「主文」という）、その判決の理由の中で、均等に分割する根拠として、民法900条4号ただし書前段が平等原則に反し無効であることを述べることとなる。

(2) ドイツ型の違憲審査制（抽象的違憲審査制）

これに対して大陸諸国では、通常の裁判所に事件の解決に際して違憲審査を担わせるのでなく、憲法裁判を集中的に担当する裁

> **用語**
>
> ▶2 嫡出子と婚外子
> 　法律上の婚姻関係にある男女の間に生まれた子どものことを「嫡出子」といい、他方、法律上の婚姻関係にない男女の間に生まれた子どものことを「婚外子」という。

判所を設置する途が選ばれた。

その典型例がドイツである。ドイツの憲法裁判所の権限は広汎であるが，このうち違憲審査部分を抽出すると，次のとおりである。

① **具体的規範統制（具体的法令審査）**

民・刑事の裁判所，行政裁判所その他の裁判所が裁判に際し，適用法律の憲法適合性に疑義をもつとき，手続を中断して，この点について，連邦憲法裁判所の判断を求めなければならないとされている（基本法100条1項）。

② **抽象的規範統制（抽象的法令審査）**

具体的な紛争をきっかけとせず，連邦政府，ラント政府，連邦議会議員の4分の1以上の申立てに基づき，連邦法やラント法の憲法適合性の審査をすることができるというものである（基本法93条1項2号）。

前記の嫡出子と婚外子の相続分差別の問題でいうならば，民法900条4号ただし書前段は，平等原則に適合するかという質問を憲法裁判所に投げかける。したがって，裁判所の回答（判決の主文）は，「憲法に適合する」・「憲法に適合しない」というものとなる。

③ **憲法異議**

公権力によって基本権が侵害されているとする者は，他の救済方法がない限度において，憲法裁判所に憲法異議（憲法訴願）を提起して，その救済を求めることができるというものである（基本法93条1項4号a, b）。

3 日本の違憲審査制

日本の違憲審査権の性質については，憲法施行直後に争いがあったが，警察予備隊事件最高裁判所判決を経て，アメリカ型の違憲審査制であるとの解釈が確立した。

用 語

▶3 疑義
意味や内容がはっきりとせず，疑問がもたれる点のこと。

> ■警察予備隊事件最高裁判所判決
> 　社会党書記長が最高裁判所に警察予備隊の設置・維持に関する一切の行為の無効の確認を求めた事件である。最高裁判決（昭和27〔1952〕年10月8日）は，①裁判所が有する違憲審査権は司法権の範囲内において行使されるものであること，②司法権の行使には具体的な争訟事件が必要であること，③したがって，裁判所は具体的な争訟事件が提起されないのに憲法及びその他の法律命令等の解釈に対し存在する疑義に関し抽象的な判断を下す権限はないと結論づけた。

4 違憲判決の効力

　最高裁判所は，平成25〔2013〕年9月4日の判決において，民法900条4号ただし書前段が平等原則に反し無効と述べた。この判決の法的効果として民法の当該規定が失効するとみるのか（例えていうならば，法令集から民法900条4号ただし書前段が除去されると考えるのか），それとも，当該事件について適用が排除されるにとどまるのであろうか。

　具体的事件に法を適用して解決する司法権の範囲内で行う付随的違憲審査制の下においては，無効とされた民法900条4号ただし書前段は当該具体的事件について適用が排除されるにとどまるという解釈が正当であり（これを「個別的効力説」という），実務的にも，そのように考えられている。しかし，最高裁判所の法令解釈は，判例として，事実上，下級裁判所を拘束するので（この解釈と異なる判断をすると，上訴されて，最高裁判所で破棄されることとなる。これを「判例拘束力」という），この結果，以後，同種の裁判について同様の判断がされることとなる。そこで，最高裁判所が法令の条項を違憲とする判断を示すと，その条項は適用できなくなる。そこで，国会において速やかに法令の改廃手続

▶4　改廃手続
　法令等について「改」正や「廃」止を行う手続のこと。

がとられるのが一般的である（次表を参照しよう）。
▶4

■最高裁判所の違憲判決の事例■

事　件	判決年月日	判決内容	判決後の立法措置等
第三者所有物没収事件	昭和37(1962)年11月28日	密輸事案の処罰として関連する貨物や船舶を没収する際に、犯人以外の所有者に告知、弁解、防御の機会を与えないことは、憲法29条、31条に反する。	没収処分として犯人以外の第三者の所有物を没収する手続を定める特別の法律を制定した。
尊属殺人事件 ※尊属殺人とは、父母と同列以上にある血族（尊属）を殺害することで、旧刑法において通常の殺人罪より重い法定刑（刑罰）が定められていた。	昭和48(1973)年4月4日	一般の殺人に比し尊属殺人を重く処罰することは違憲ではないが、刑の加重が極端にすぎ合理性を欠き、憲法14条の平等原則に反する。 ⇒61ページを参照	判決後、検察は、尊属殺人での起訴を控えた。その後、刑法を改正して、尊属殺人に関する規定を削除した。
薬局距離制限事件	昭和50(1975)年4月30日	薬局開設の基準として、既存の薬局との距離制限を定めることは、不良医薬品の供給防止という目的と合理的な関連を有せず、職業選択の自由（憲法22条）を侵害する。 ⇒95ページを参照	関連規定を削除
衆議院議員定数不均衡事件	昭和51(1976)年4月14日	1972年の衆議院議員の定数配分規定は、投票価値の平等に違反する。 ⇒63ページを参照	判決時には、一定の改正がされていた。
森林法共有物分割事件	昭和62(1987)年4月22日	共有森林の分割請求を否定する森林法の規定は、財産権を侵害する。	当該規定を削除した。
愛媛玉串料訴訟	平成9(1997)年4月2日	県の公金を靖国神社に玉串料等として支出したことは、政教分離原則に違反する。	(注) 県知事に対し、県の公金から支出した玉串料等の金額を県に支払えと命じた。

第18講　違憲審査権

199

郵便法違憲判決	平成14(2002)年9月11日	書留郵便物の遅配について国の賠償責任を免除する制度は，憲法の国家賠償請求権（114ページを参照）を侵害する。	同年に関連規定を改正した。
在外選挙権訴訟投票事件	平成17(2005)年9月14日	在外邦人の国政選挙への参加について，これを比例代表選挙に限定する公職選挙法を憲法15条，43条，44条に反するとした。	次の年に在外選挙の対象を拡大する改正を実施した。
国籍法違憲訴訟	平成20(2008)年6月4日	日本人の父と外国人の母の間の婚外子について，その後の父母の婚姻及び父の認知があった場合に限り日本国籍を取得できるとし，父の認知のみでは国籍取得を認めない国籍法の規定は，憲法14条1項の平等原則に違反する。	同年に当該規定を改正した。
砂川空知太神社事件	平成22(2010)年1月20日	北海道砂川市が市有の土地を神社の建物等の敷地として無償で使用させていることは，宗教団体である氏子集団に対する特権の付与であるから，憲法89条，20条1項後段に違反する。⇒71ページ，211ページを参照。	(注) 違憲状態を解消する現実的な手段があるか否かについて審理させるために，原審に差し戻した。
婚外子法定相続分事件	平成25(2013)年9月4日	婚外子の法定相続分を嫡出子の2分の1とする規定は平等原則に反する。⇒60ページを参照	当該規定を削除した。

第5編　第19講　財政に対する国会の統制

第7章　財政

第83条〔財政処理の原則〕
　国の財政を処理する権限は，国会の議決に基いて，これを行使しなければならない。

第84条〔課税の要件〕
　あらたに租税を課し，又は現行の租税を変更するには，法律又は法律の定める条件によることを必要とする。

第85条〔国費支出と国の債務負担〕
　国費を支出し，又は国が債務を負担するには，国会の議決に基くことを必要とする。

第86条〔予算作成と国会の議決〕
　内閣は，毎会計年度の予算を作成し，国会に提出して，その審議を受け議決を経なければならない。

第87条〔予備費〕
　1　予見し難い予算の不足に充てるため，国会の議決に基いて予備費を設け，内閣の責任でこれを支出することができる。
　2　すべて予備費の支出については，内閣は，事後に国会の承諾を得なければならない。

第90条〔決算，会計検査院〕
　1　国の収入支出の決算は，すべて毎年会計検査院がこれを検査し，内閣は，次の年度に，その検査報告とともに，これを国会に提出しなければならない。
　2　会計検査院の組織及び権限は，法律でこれを定める。

第5編　統治機構・地方自治

第91条〔財政状況の報告〕
　内閣は，国会及び国民に対し，定期に，少くとも毎年一回，国の財政状況について報告しなければならない。

1 財政に関する国会議決主義

　83条は，財政に関する国会議決主義を定めるものである。
　古く英国の「権利章典（1689年）」には，国王が議会の同意なく課税することは違法である趣旨のことが謳われ，議会制や立憲主義が財政問題をきっかけとして発展したという足跡の1つが示されている。戦前の憲法にも財政議会主義が定められていたが，例外も定められた。本条は，徹底した財政民主主義を定めているのである。

2 租税法律主義

　84条は租税法律主義を定める。83条の財政国会議決主義を歳入面で具体化した規定である。本条に基づき，**課税の要件（税金を課す対象と税額の算定方法）及び租税の徴収手続は，法律で明確に定められる**べきこととなる。
　租税とは，国又は地方公共団体がその経費を調達するために，特別のサービスに対する対価・料金としてではなく，一定の要件に該当するすべての者に対して，支払えと命ずる金銭のことである（最高裁判所大法廷判決平成18〔2006〕年3月1日，旭川市国民健康保険条例事件）。これに対し，市町村が行う国民健康保険の保険料は，住民である被保険者が保険給付（病気の際の病院・診療所での診療・治療）を受け得ることに対する対価として徴収するものであるから，本条の直接の対象ではないとされた。
　ただし，この判決は同時に，租税そのものでなくとも，徴収の強制度合いなどの点において，租税に類似する性質を有するもの

CHECK
▶1 例えば，許認可の申請者や国家試験の受験者から手数料を徴収するのは，税金ではない。

▶2 国民健康保険は，一定の職域国保を除き，市町村が運営する。市から保険料の支払を命じられた者が，国民健康保険料の料率を，条例ではなく市長が定める告示で定めたのは違法として訴えた事件。

用語
▶3 国民健康保険　自営業の人々の健康保険のこと。

CHECK
▶4 租税でなく，むしろ，料金であるという考え方である。

202

については，租税法律主義の趣旨に従い，法律又は条例に課税の要件を明確に定めるべきであると説き，国民健康保険料は地方税に準じて強制徴収される金銭であることを重視して，同条の趣旨が及ぶとした。

❸ 国費の支出・国の債務負担についての国会議決

85条は，国費の支出及び国の債務負担は，国会の議決によることを要するとした。財政国会議決主義を歳出面等で具体化した規定である。国費の支出についての国会の議決は，予算の形式（歳出予算）によってなされることが必要である。

他方，国の債務負担（公債の発行等）は，特別の法律を定めて行うもの，予算の通則的事項を定める「予算総則」という部分に公債発行限度額を定めて行うものなどがあるが，いずれにしても国会の議決を要する。

❹ 予算についての国会の審議及び議決

予算は一会計年度における歳入・歳出の見積りである。憲法は，予算の作成を内閣の職務としたうえで（73条5号），国会に提出して，その審議を受け議決を経なければならないとした（86条）。

衆議院に予算の先議権と優越が定められている（146ページを参照）。予算のうち歳入の見積りは，予測・見込みにすぎない（景気が悪化すれば税収等は減少するし，予想を超えて増収することもある）。これに対し，

CHECK

▶5 ただし，租税そのものではないから，租税の場合とまったく同じ程度に，明確な定めを要するわけではないとしている。

▶6 保険料を支払わない場合に，税金滞納の場合と同じ強制徴収の方法によることができる。

▶7 国費の支出とは，国の各般の需要を充たすための現金の支払をいう（財政法2条1項）。

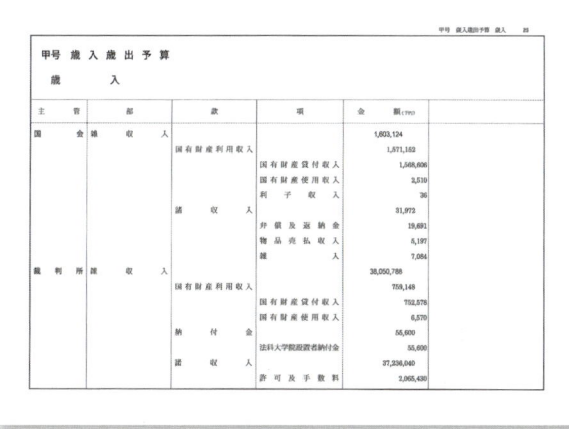

2015年度一般会計予算より

歳出は政府を拘束する準則（ルール）であって，予算の議決なしに国費を支出することは許されない。会計年度が開始する4月1日までに予算が成立しないことが見込まれる場合には国政の停滞を避けるため，内閣は，国会に暫定予算を提出して，その議決を得ることとなる。

5 予備費

災害復旧費用など緊急を要する予見し難い費用に充てるため，使途（使いみち）を限定せずに，内閣の責任で支出することができる「予備費」の制度が設けられている（87条1項）。ただし，これは事後に国会の承認を要する（87条2項）。

6 決算審査

会計年度が終わると，内閣は国の収入支出の決算を作成し，会計検査院の検査を受ける。内閣は，その検査報告とともに，決算を国会に提出しなければならない（90条1項）。

会計検査院は，憲法上の独立機関である。その組織及び権限は，会計検査院法で定められている（90条2項）。

もし決算の承認がされない場合にも，事実として行われた歳出に影響を及ぼすものではなく，内閣の政治責任が生ずるにとどまる。

7 財政状況の報告

91条は，内閣の国会及び国民に対する国の財政状況についての定期的な報告義務を定めている。

これを受けて，財政法46条1項において，内閣の国民に対する財政状況の報告の制度が設けられ，同条2項において，内閣の毎四半期ごとの国会及び国民に対する財政状況の報告の制度が設けられている。

▶8 財政状況の報告は閲覧できる。
http://www.mof.go.jp/budget/report/

第 5 編　第 20 講　公の財産の支出制限

> **第 89 条〔公の財産の支出制限〕**
> 　公金その他の公の財産は，宗教上の組織若しくは団体の使用，便益若しくは維持のため，又は公の支配に属しない慈善，教育若しくは博愛の事業に対し，これを支出し，又はその利用に供してはならない。

1 宗教上の組織・団体の使用，便益又は維持のための支出制限

　本条前段は，信教の自由を財政面から保障することを目的とするものである（71 ページを参照）。

2 公の支配に属しない慈善，教育又は博愛の事業への支出制限

　本条後段の立法趣旨は，必ずしも明らかではない。慈善，教育又は博愛の事業は，民間において自主的に営まれることに意義があるから，公権力が援助して支配してはならないこととしたとか，慈善等の美名の下に，公の財産が濫費されることを防止しようとしたものだといわれる。

　いずれにしても，「公の支配」を，事業に対する全面的な監督が及んでいることを要すると解すると，現実に行われている私立学校に対する助成措置（補助金の交付等）は，憲法上許されないという不合理なことになる。

　そこで，「公の支配」とは，公費の濫費が生じないよう業務や会計の状況に関し報告徴収をする権限があるなど，事業が公の利益に沿わない場合にこれを是正しうる途が確保され，公の財産が濫費されることを防止できるという程度の関与で足りるという考え方が強い。

　なお，この後段の規定は，慈善，教育又は博愛の事業は宗教活動の一環としても行われるので，公権力がそのような宗教と結びつくことを排除しようとしたものという解釈も唱えられている。

CHECK

▶1　2015 年度の私学助成は，約 4,321 億円の規模である。

第5編 第21講 地方自治の本旨

第8章 地方自治
第92条〔地方自治の本旨〕
地方公共団体の組織及び運営に関する事項は，地方自治の本旨に基いて，法律でこれを定める。

1 条文の基本的意味

中央集権的に近代化を進める必要があった明治国家の下で制定された戦前の憲法は，地方自治に関する規定をもたなかった。それでも，法律で府県や市町村がおかれ，大正デモクラシーの潮流を受けて，ある程度の近代的・民主的な地方自治が展開した。しかし，府県の知事は一貫して国の役人を充てていたし（官選知事），その後の軍国主義の台頭を受けて，それまで市会（現在の市議会）で選挙されていた市長も内務大臣の任命制とされるなど，中央集権が強化された。ポツダム宣言の受諾による戦争終結後，地方自治制度の抜本的な改革が実施され，憲法に地方自治に関する一章が規定された（92条～95条）。

地方自治に関する章である第8章の冒頭にある本条は，地方公共団体の組織・運営に関する事項を法律で定めるとしつつ，「地方自治の本旨」に基づいて制度設計しなければならないこととした。

「地方自治の本旨」の意味は，①地域の仕事は，国と別の，すなわち国の下部組織ではない，別個の存在であるところの地方団体の責任で行うべきこと，そして，②その地方団体の仕事は地方の住民の意思に基づいて行われるべきことと考えられている。前者を「団体自治」といい，後者を「住民自治」という。

団体自治は国家の肥大化・中央集権を抑制し，個人の自由を保障するという意味において，自由主義的・分権的な意義を有する。

CHECK

▶1 もっとも，この時期，諸国の憲法は，概して，地方自治に関する規定をもたなかった。近代憲法は，個人を地域の封建的な中間団体から解放することを目指したからである。

▶2 13ページを参照。

用語

▶3 地方自治の本旨

本旨とは，あるべき姿という意味である。よって，「地方自治の本旨」とは，地方自治のあるべき姿という意味であろう。

そして，住民自治には，「地方自治は民主主義の学校」といわれるように，民主主義的な意義がある。

■中央政府と地方政府の権限分配

では「地域の仕事」とは何か。国際社会において国家の存立にかかわる事務（外交，防衛，司法，通貨）や，全国的に統一して定立することが必要な法準則に関する事務（契約や家族に関する法秩序の形成など）などを中央政府の仕事とし（地方自治法1条の2），住民に身近な行政は「地域の仕事」とするというようなことが考えられるが，具体的な事務の分配は国会が制定する法律で定められる。法律によっても侵害しえないような地域の仕事という領域があるはずだという考え方もあるが，具体的には明らかでない。しかし，例えば，地方公共団体には国の仕事のみを下請けさせ，地域の特性に応じた事務をすることを認めないような仕組みをとるとすれば，地方自治の本旨に反し憲法違反とされることとなろう。

他の国の憲法は？

連邦制をとるアメリカ合衆国の憲法は，連邦議会の権限を「この憲法によって与えられるすべての立法権は連邦議会に属する」とし，その権限を第1条第8節に列挙する。そのうえで，修正第10条で「この憲法によって合衆国に委任されず，また州に対して禁止されていない権限は，それぞれの州または人民に留保される」と規定した。連邦議会には，州が有する一般的な公共の福祉のための規制権限はなく，あくまでも憲法でここまでと認められた範囲内の権限しかないという考え方である。

フランス第5共和国憲法第72条第2項
地方公共団体は，各段階で最良の権限行使ができる当該諸権限全体について決定する資格をもつ。

ヨーロッパ地方自治憲章第4条第3項
公的な責務は，原則として，市民に最も身近な地方自治体が優先的に遂行する。
➡これを「補完性の原則」と呼ぶが，地方自治の本旨として補完性の原則を加える考え方も提唱されている。

アメリカ合衆国憲法は，『新解説世界憲法集』（初宿正典，辻村みよ子著　三省堂）p.84 より

フランス第5共和国憲法（1958年憲法）は，『フランス憲法入門』（辻村みよ子，糠塚康江著　三省堂）p.270 より

第5編 第22講 地方公共団体の統治機構

> 第93条〔地方公共団体の機関及び直接選挙〕
> 1 地方公共団体には，法律の定めるところにより，その議事機関として議会を設置する。
> 2 地方公共団体の長，その議会の議員及び法律の定めるその他の吏員は，その地方公共団体の住民が，直接これを選挙する。

1 条文の基本的意味

本条は，地方公共団体の組織を制度設計するにあたって，①地方公共団体に議事機関として議会を設置すべきこと，及び②地方公共団体の長及び議会の議員等について住民の直接選挙によるべきことを定めている。

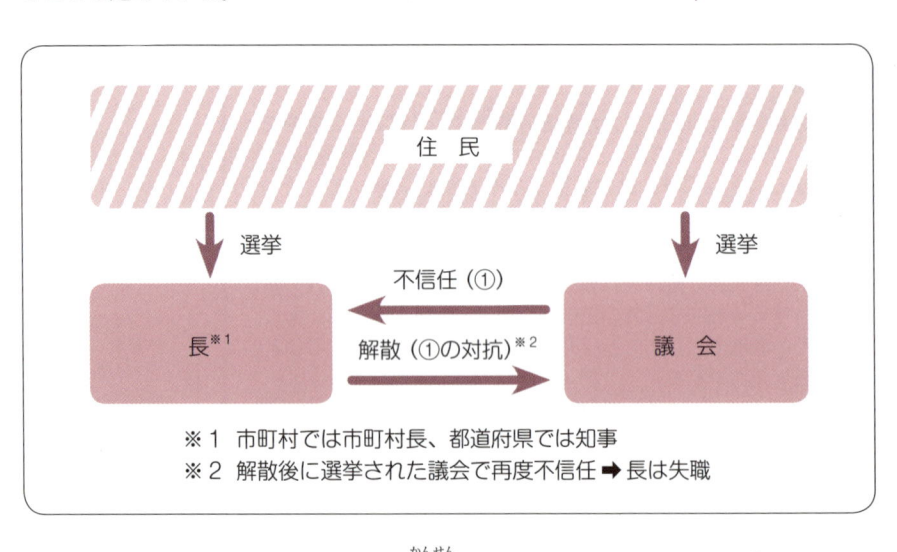

```
              住 民
         ↓選挙        ↓選挙
                不信任（①）
        ← ← ← ← ← ← ← ← ←
  長※1                      議 会
        → → → → → → → → →
              解散（①の対抗）※2

※1 市町村では市町村長、都道府県では知事
※2 解散後に選挙された議会で再度不信任 ➡ 長は失職
```

戦前の地方制度においては，知事は官選で（国の役人），市町村長も直接公選でなかったのに対し，本条において地方公共団体の住民による直接公選が規定されたのである。なお，2項の「法律で定めるその他の吏員」の「吏員」とは，自治体職員のことで

CHECK
▶1 市長は，市議会（当時は「市会」といわれた）が選挙した。

あるが，直接公選しなければならない職員は現在，法律で定められていない。

> ■大統領型の統治機構
> 　国の統治機構が議院内閣制をとるのに対し，地方公共団体の統治機構の特徴は，大統領制を採用していることである（170ページの図と比較してみよう）。

　地方公共団体の長（これを「首長」という）は，住民から直接選挙され，議会の信任をその在職の要件としておらず，議会と対等の地位にある。したがって，非常に強い政治的指導力をもち得る。他方，議院内閣制と違い，首長を支持する勢力が議会において多数を占めるとは限らない。

　そこで，議会が首長の提出した予算や条例案を否決し，又は首長の政策と異なる議案を可決するなど，首長と議会が衝突することがある。

　首長の選挙と議会議員選挙を同時に実施すれば，同じ傾向の選挙結果となって，上記の危険をある程度小さくすることができるが，任期の始期のずれなどからそれができないこともある。そこで，地方自治法に首長と議会の意見対立を調整する制度が設けられている。

　その1つが再議要求（その実質は拒否権）である。首長は，議会の条例・予算に関する議決に異議があるときは，その送付を受けた日から10日以内に理由を付して再議に付することができる（地方自治法176条1項）。条例・予算が再議に付されると，議会は出席議員の3分の2以上の特別多数の同意がなければ議決できない（同条3項）。

　別の調整制度が，議会による首長の不信任議決とこれに対抗して行う首長による議会の解散である。議会は一定の特別多数で長の不信任の議決をすることができる（同法178条3項，1項）。

CHECK
▶2 このほか，議会が権限逸脱又は違法の議決をした場合の特別再議要求の制度もある。

用語
▶3 特別多数
　議員数の3分の2以上の出席の下に，出席議員の4分の3以上の多数を要件とする。

首長は10日以内に議会を解散することができるが、議会を解散しないと失職する（同条2項）。解散後選挙を経て初めて招集された議会で議員数の3分の2以上の出席の下に出席議員の過半数で不信任決議をされると、首長は失職するというものである（冒頭に図示）。
▶4

2「地方公共団体」の意味

上記のような制度設計が義務づけられる93条の「地方公共団体」とは何か。日本の現在の地方制度としては、都道府県と市町村という二層制の仕組みがとられ、これらの普通地方公共団体について議会の設置・議員及び首長の公選を要することは疑いがないが、東京都の特別区はどうか。
▶5

特別区の区長は、過去に公選制が廃止されたことがある（1952年の地方自治法改正）。これについて最高裁判所（昭和38〔1963〕年3月27日）は、93条2項の「地方公共団体」というためには「事実上住民が経済的文化的に密接な共同生活を営み、共同体意識をもっているという社会的基盤が存在し、沿革的にみても、また現実の行政のうえにおいても、相当程度の自主立法権、自主行政権、自主財政権等地方自治の基本的権能を付与された地域団体であることを必要とする」とし、当時、東京都の下部機構的な事務をするにとどまっていた特別区はこれに該当しないとして、公選制の廃止は憲法に反しないと結論づけた。しかしその後、1974年に特別区の区長の公選制が復活し、現在では、特別区は市町村と並ぶ基礎的な自治体と位置づけられている（地方自治法281条の2第2項）。

3 住民自治の諸方法

憲法に規定された議員・首長の直接公選及び地方特別法の住民投票（次講参照）という住民自治の仕組みに加え、地方自治法において、幅広い住民自治の仕組みが設けられている。

▶4 このプロセスは首長と議会が対立した鹿児島県阿久根市において実際に展開した。

▶5 このほか、特別地方公共団体として、特別区（東京都の千代田区、中央区などの23区である）、地方公共団体の組合、財産区、地方開発事業団がある。

(1) 直接請求

住民が、有権者の一定割合の署名を集めて、一定の事項を要求するという制度である。

■主な直接請求の一覧■

請求事項	署名要件	請求後の手続等
条例の制定・改廃請求	有権者総数の50分の1	長が議会に付議する。可決するかどうかは、議会の判断である。
事務の監査請求	有権者総数の50分の1	監査委員が事務（住民監査請求と違って、財務問題に限定されない）を監査する。
議会の解散請求	有権者総数の3分の1※	選挙人の解散投票に付し、過半数の同意で議会の解散
長・議員等の解職請求	有権者総数の3分の1※	選挙人の解職投票に付し、過半数の同意で失職

※有権者総数40万人以上の地方公共団体にあっては、特別の定めがある。

(2) 住民監査請求

住民は、地方公共団体の長や職員の違法・不当な財務会計上の行為又は徴税等を怠る事実について、監査委員に監査を請求することができる（地方自治法242条）。

住民は、監査の結果に不服があるときや、財務会計上の行為等が是正されないときは、裁判所に住民訴訟を提起し、救済を求めることができる（同法242条の2）。平成9（1997）年4月2日の愛媛玉串料訴訟判決は、住民監査請求を経て提起された住民訴訟が、最高裁判所までもち上がったものである。

また、北海道の砂川空知太神社事件は、市が、市有地の一部を無償で神社施設の敷地として使用させていたことなどが、政教分離に違反し、市長が神社施設の撤去及び土地明渡しを請求しないことは市の財産の管理を怠るものであるとの確認等を求めたものであった。

▶6 72ページ、199ページを参照。

▶7 200ページを参照。

211

第5編　第23講　地方公共団体の権能等

第94条〔地方公共団体の権能〕
　地方公共団体は，その財産を管理し，事務を処理し，及び行政を執行する権能を有し，法律の範囲内で条例を制定することができる。

第95条〔地方特別法の住民投票〕
　一の地方公共団体のみに適用される特別法は，法律の定めるところにより，その地方公共団体の住民の投票においてその過半数の同意を得なければ，国会は，これを制定することができない。

1 条例制定権

　94条は，地方公共団体が必要な事務を処理することに関する一般的な権限を有するとともに，法律の範囲内で条例を制定することができることを規定している。

　憲法は，地方公共団体に対し，国会中心立法の原則（第2講）の例外として，自治立法権を付与したのである。条例は，内閣や各省大臣が制定する政令・府省令と違い，法律の委任を要せずに，本条を直接の根拠として制定することができる点に特徴がある。

　条例には罰則をおくこともできる。憲法31条は，刑罰を科すには「法律」によらなければならないことを定めているが，住民から公選された議員で組織する議会で制定する条例は，法律に準ずるものと考えられる。地方自治法14条3項は，このことを確認しつつ，条例に定めることができる罰則の上限を，2年以下の懲役若しくは禁錮，100万円以下の罰金，拘留，科料若しくは没収の刑又は5万円以下の過料に制限している。

　条例制定権には「法律の範囲内で」（94条）という制約，すなわち，法律に反することができないという限界がある。

　そこで，同一事項について法律と条例が併存して規定する場合などに，条例が法律に反しないかどうか，その判断基準をどのよ

▶1 この「条例」は議会が制定する「条例」（狭義）のほか，首長が制定する規則を含む趣旨である。

▶2 この規定を受け，地方自治法14条1項は，普通地方公共団体は，法令に違反しない限りにおいて条例を制定することができると規定している。すなわち，法律と一体をなす命令を含めて，これに違反できないのである。

うに考えるべきかが問題となる。

　この点について「徳島市公安条例事件」に関して最高裁判所大法廷（昭和50〔1975〕年9月10日）は、法律と条例の両者の対象事項と規定文言を対比するのみでなく、それぞれの趣旨、目的、内容及び効果を比較し、両者の間に矛盾があるかどうかでこれを決すべきであるとした。そして、①同一事項について国の法令と条例が併存しても、条例の規定が法律と別の目的に基づく規律を意図するもので、その適用によって法律の意図する目的と効果を阻害するとはいえないときや、②国の法令が必ずしもその規定で全国一律に同一内容の規制を施す趣旨ではなく、各地方公共団体において、その地方の実情に応じて、別段の規制を施すことを容認する趣旨であると解されるときは、違反を生じないとした。

　例えば、公害規制や環境保護の分野等においては、多くの場合に、国の法令による規制や基準は全国一律の最低のもの（ナショナル・ミニマム）であって、地方の実情に応じた加重的な規制（これを「上乗せ規制」という）も許されるという解釈が支配的である。法律が、自ら、条例による加重規制を認める旨を定める例も存在する。

2 地方自治特別法に関する住民投票

　95条は、一の地方公共団体のみに適用される特別法（これを「地方自治特別法」という）の制定には、その地方公共団体の住民投票でその過半数の同意を得なければならない旨を規定し、国会単独立法の原則（第2講）の例外を定めた。国会が特定の地方公共団体に不利な立法を押しつけることに対する防波堤を設けたのである。この趣旨から、特定の地方公共団体を支援し、有利に扱うことを内容とするものは、本条の対象外と考えられている。憲法施行後数件の適用があったが、その後、適用されていない。

　例えば、「福島復興再生特別措置法」（原子力災害からの福島の

CHECK
▶3 国の法律である道路交通法に集団行進等を規制する条項があるのにもかかわらず、集団行進について独自の規制をする徳島市の「集団行進及び集団示威運動に関する条例」の有効性が争点となった。

CHECK
▶4 1949年の広島平和記念都市建設法などである。都市建設に国が財政援助をすることを内容とするもので、本文に記した95条の趣旨からして、住民投票は不要であったと考えられる。

復興及び再生に関する基本方針の策定，避難解除等区域の復興及び再生のための特別の措置，原子力災害からの産業の復興及び再生のための特別の措置等について定める法律）は，地方自治特別法として扱われなかった。

3 住民投票

　前講で紹介した直接請求制度や地方自治特別法の住民投票に関連し，近年，各地で行われている条例に基づく住民投票について紹介，検討する。

> ■事例①　1996年8月4日の新潟県巻町で実施された原子力発電所の設置の賛否に関する住民投票（条例に基づく全国初の住民投票である）。設置反対派が多数を占めた。条例は，投票結果について，町長に対する尊重義務を課すのみで，町長に投票の結果に従う義務を負わせるような拘束力をもたせなかったが，結果的に，原発設置は撤回となった。
> ■事例②　1996年9月8日に沖縄県で実施された日米地位協定の見直しと基地の縮小に関する住民投票。賛成勢力が圧勝した。条例では，投票で示された過半数意思の尊重義務を定めるにとどめた。
>
> 　上記のように，住民投票の実施を定める各条例においては，投票結果に拘束力を与えず，尊重義務を定めるにとどめるのが通例である。これは，憲法が議事機関として議会の設置を規定し，地方政治についても間接民主制を基本とすることと衝突することをおそれたものと考えられる。住民投票は政治的な発信力に優れるが，討議，熟慮のうえで，妥協をもしつつ，賢明な解決を見出そうとする過程が欠落していることを失念してはならない。

CHECK

▶5　人口200万以上の指定都市を廃止して，特別区を設置する大都市特別区設置法には，市を廃止し，特別区を設置することについて市民の住民投票が法定され，過半数の賛成がなければ手続を進められないという仕組みが設けられている。
　これは，住民投票に拒否権という法的拘束力を付与した立法である。大阪市では，同法に基づく，いわゆる大阪都構想についての住民投票が2015年5月17日に実施された。

改めて知る

第6編 立憲主義とは何か 日本国民のための日本国憲法

改正・補則

「共和政体は，これを改正の対象とすることができない」（フランス第5共和国憲法第89条第5項）

　この規定は，君主制の復活を禁止するにとどまるのか，共和政体の下で実現している原理や価値も改正ができないとする規定なのか，議論がある。日本国憲法は，どうなのであろうか。

フランス第5共和国憲法（1958年憲法）は，『フランス憲法入門』（辻村みよ子，糠塚康江著 三省堂）p.275 より

第6編 第1講 憲法改正手続

第9章 改正

第96条〔憲法改正手続〕

1　この憲法の改正は，各議院の総議員の三分の二以上の賛成で，国会が，これを発議し，国民に提案してその承認を経なければならない。この承認には，特別の国民投票又は国会の定める選挙の際行はれる投票において，その過半数の賛成を必要とする。

2　憲法改正について前項の承認を経たときは，天皇は，国民の名で，この憲法と一体を成すものとして，直ちにこれを公布する。

第7条〔天皇の国事行為〕

　天皇は，内閣の助言と承認により，国民のために，左の告示に関する行為を行ふ。

一　憲法改正，法律，政令及び条約を公布すること。

二（以下略）

1 条文の基本的意味

　本条は，憲法の改正の手続について定めるものである。**憲法の改正とは，憲法の条文の一部に文言を加え，削除し，改め，新しい条文を追加する**ことをいう。

　憲法改正は，①各議院（衆議院及び参議院）の総議員の3分の2以上の賛成で国会から国民に発議され，②国民投票で過半数の賛成を得ることを要する。国民投票で承認を経たときは，天皇が，国民の名で，直ちに憲法改正を公布する。

各議院の総議員の3分の2の賛成で，国会が発議　➡　国民投票（過半数の賛成で承認）
➡天皇が国民の名で公布

2 国会の発議

　国会の「**発議**」とは、**国民投票に付する憲法改正案を国会が決定すること**をいう。国会の発議に関する手続は、国会法において、以下のように定められている。

■国会の発議に関する手続

①衆議院（参議院）において、議員が憲法改正案の原案（国会における審議対象）の発議（この発議について、衆議院では議員100人以上の賛成を要し、参議院では議員50人以上の賛成を要するとして〔国会法68条の2〕、法律案の提案よりも要件を加重している）▶1

　憲法改正原案は、内容において関連する事項ごとに区分して発議することを要する（国会法68条の3）。▶2

↓

②衆議院（参議院）で総議員の3分の2以上の賛成で可決
　⇒参議院（衆議院）に送付

↓

③参議院（衆議院）で総議員の3分の2以上の賛成で可決
　参議院（衆議院）における可決をもって、憲法改正の発議をし、国民に提案したものとする（国会法68条の5）。

　憲法が各院の総議員の3分の2以上の賛成を要件とする事項は、日本国憲法の規定中、憲法改正の発議以外になく、手続が厳しい。このように、憲法改正の要件が厳しい・厳しくないことを**憲法の硬性度**という。日本国憲法は、硬性度の高い憲法（硬性憲法）であるということができる。

　憲法に係る議会の議決要件を厳しいものとする憲法例は、通例みられるところであり、日本国憲法に特有のものではない。アメリカやドイツにおいても、同様の議決要件の加重が定められている。

CHECK

▶1 各議院に置かれた憲法審査会（143ページの図を参照）も、憲法改正原案を発議することができる（国会法102条の7）。

▶2 区分発議の原則という。例えば、基本的人権に関する条文を加える改正と、9条（戦争放棄）に関する改正は関連しないので、区分して発議する。

■総議員

「総議員の3分の2以上の賛成」とある「総議員」とは、各議院の法定の議員数を指すのか、それとも議員死亡等で欠員が生じ、この補充選挙が実施されるまでの間においては、法定議員数から議員死亡などによる欠員の数を引いた数（現在議員数）を指すのか、明らかではない。両方の見解が唱えられている。
▶3

> CHECK
> ▶3 なお、各議院の本会議の定足数は、明治憲法以来「総議員」の3分の1以上とされているが（56条1項、明治憲法46条）、この場合の「総議員」は、法定議員数と扱われている。

3 国民投票

(1) 手続

憲法施行後、本条の国民投票に必要な手続を定める法律の制定が長く行われなかったが、2007年に日本国憲法の改正手続に関する法律（改正手続法）が制定された。

■日本国憲法の改訂手続に関する法律（抜粋）

1　**広報**　国民投票広報協議会（憲法改正の発議がされた際の両院の議員各10名で構成）において、憲法改正案とその要旨・憲法改正案新旧対照表・参考事項の説明・改正案を発議した国会における賛成意見及び反対意見を掲載した国民投票公報を作成（改正手続法14条1項1号）　➡選挙管理委員会が国民に配布（同法18条）

2　**国民投票運動**（憲法改正案に賛成・反対の投票をし、又はしないよう勧誘する行為）
　公務員・教育者の地位利用による運動の禁止、投票期日前14日前に当たる日から投票期日までの間における広告放送の制限などの一定のルールの下に、自由に国民投票運動をすることができる。

3　**投票権年齢**　投票権年齢は、満18歳以上とされている（同法3条）。

4　**投票**　国民投票は、発議の日から起算して60日以後180日以内において国会の議決した日に実施する（同法2条1項）。投票は、憲法改正案ごとに1人1票である（同法47条）。
▶4

(2) 投票結果

「その過半数の賛成を必要とする」という意味については、投票総数の過半数という考え方と、無効票を除いた有効投票の過半

数を意味するという考え方があるが，改正手続法は，憲法改正案に対する賛成の投票の数が投票総数（賛成の投票数と反対の投票数を合計した数）の2分の1を超えた場合は，国民の承認があったものとするとして（改正手続法126条1項），**有効投票を基準**とする立場に立っている。

4 改正の限界

日本国憲法の改正には，手続上の要件のほかに，内容上の限界があるのかどうかが，議論されている。

憲法前文には「日本国民は…ここに主権が国民に存することを宣言し，この憲法を確定する」とある。これは，日本国憲法を制定する権力（憲法制定権力）が主権者国民にあったことを明示したものである。そして，96条の憲法改正権は，国民の憲法制定権力によって与えられたものであるから，憲法改正権の行使によって，憲法改正権自身を生み出した国民主権を変更・破壊することはできないと考えられる。それは憲法改正の外形をとったとしても，理論的にはクーデタ・革命というほかない。

また，以上の理論的な議論とは別に，憲法の規定中に変更を拒否していると見受けられるものがある。

前文は，民主主義を人類普遍の原理とし，われわれ（日本国民）は，これに反する憲法を排除するとしている。また，9条1項は，日本国民は…国権の発動たる戦争と，武力による威嚇又は武力の行使は，国際紛争を解決する手段としては「永久にこれを放棄する」として，戦争放棄・平和主義を規定した。そして，11条は，基本的人権は，侵すことのできない永久の権利として，現在および将来の国民に与えられると規定し，人権の永久性を謳っている。以上から，**民主主義，戦争放棄・平和主義，基本的人権の尊重は，憲法自体が，改正を拒否している**と考えられる。

この点，諸外国を見ると，アメリカ合衆国憲法では，各州の上院における平等の代表権が改正禁止規定とされている（5条）。

> ▶4 2018年6月20日までの間に限り，投票権年齢を満20歳以上とする経過措置が設けられている。これは，国政選挙その他の選挙の選挙権年齢が20歳以上とされていることとの均衡を図ったものである。そこで，上記の経過措置を定める立法の際，選挙権年齢の引下げが宿題となった。この点の検討を経て，2015年6月17日，選挙権年齢を18歳以上に引き下げる公職選挙法等の一部改正法が成立した。今後，この措置に連動して，上記の経過措置を廃止し，投票権年齢を前倒しで本則どおりの18歳とする立法措置が講ぜられることも予測される。

フランス第5共和国憲法には，共和政体は改正できないという規定のほか（89条5項），領土の一体性が侵害されているときは，憲法改正ができない旨の規定が置かれている（89条4項）。

また，ドイツ連邦共和国基本法では，基本権の拘束力に関する規定（1条），ドイツ連邦共和国は民主的・社会的な連邦国家であること，すべての国家権力は，国民に由来すること等を定める20条等は改正できないことが定められている（79条）。

5 各国の改正手続等

(1) アメリカ合衆国憲法

「連邦議会は，両議院の3分の2が必要と認めるときは，この憲法に対する修正を発議し，または各州中3分の2の議会の要請あるときは，修正発議を目的とする憲法会議を招集しなければならない。いずれの場合においても，修正は，4分の3の州議会によって承認されるか，または4分の3の州における憲法会議によって承認されるときは，あらゆる意味において完全に，この憲法の一部として効力を有する。上記の2つの承認方法のいずれによるかは，連邦議会の定めるところによる。（以下略）」（同憲法第5条）としている。

同憲法は，これまで27条の改正が成立しているが（修正1条〜10条は1791年に一括で追加された。したがって，改正回数は18回である），いずれの改正も，両議院の3分の2による修正発議に基づく4分の3の州議会による承認によるものであった。アメリカ合衆国憲法の改正は，本文の文言の修正ではなく（本文は原文のまま残して），本文の末尾に修正条項を追加していく方式がとられている。

(2) フランス第5共和国憲法

改正の発議権は，大統領と国会議員に属する。改正案は両議院において過半数で議決された後，人民投票（レファレンダム。日

> アメリカ合衆国憲法は，『新解説世界憲法集』（初宿正典，辻村みよ子 著　三省堂）p.81 より

本における国民投票）の承認を受けて確定する（89条1項,2項）。

ただし，大統領が，その発議する改正案を両院合同会議として招集された国会に付託(ふたく)することを決定したときは，人民投票を実施しない。この場合は，有効投票の5分の3の特別多数による議決を要するとされている（89条3項）。

別の改正方法がとられたことがある。11条による国民投票である。同条は，大統領による法律案の国民投票への付託の権限を定める。この法律案に憲法改正法案も含まれると解釈すれば，人民投票への直接付託による憲法改正が可能となる。1962年11月6日の改正がこの方法によるもので，この一度のみである。ドゥ・ゴール大統領が，大統領の選挙方法を従前(じゅうぜん)の間接選挙制から直接普通選挙に改める改正を人民投票に付託し，賛成多数で，改正を実現したのである。第5共和国憲法は，制定後，24回の改正をみた。同憲法は人権規定をもたないため，ほとんど，統治機構に関するもの，欧州統合(おうしゅうとうごう)に関連したものである。

(3) ドイツ連邦共和国基本法

基本法の改正には，連邦議会の3分の2以上の同意かつ連邦参議院の3分の2以上の同意を要するが，国民投票は要件とされていない（79条2項）。基本法は，制定後58回の改正をされ，改正回数の多さが特徴である。これは，日本であれば法律で規定されているような事項が基本法で規定されていること，同国は連邦制をとっているが，連邦とラント（州）の権限配分を頻繁(ひんぱん)に見直していること，東西ドイツの統一や欧州統合に対応する必要があったことにも起因(きいん)している。

特に重要な改正は，西ドイツの再軍備のための1956年3月19日の第7回改正，防衛上の緊急事態についての規定を追加する1968年6月24日の改正（連邦領域が武力によって攻撃され，又はそのような攻撃が直前に差し迫っている「防衛上の緊急事態」の確定の手続,同事態の下における国家作用について定める）である。

第11章 補則

第100条〔施行期日〕
1 この憲法は，公布の日から起算して6箇月を経過した日から，これを施行する。
2 この憲法を施行するために必要な法律の制定，参議院議員の選挙及び国会召集の手続並びにこの憲法を施行するために必要な準備手続は，前項の期日よりも前に，これを行ふことができる。

第101条〔国会に関する経過規定〕
この憲法施行の際，参議院がまだ成立していないときは，その成立するまでの間，衆議院は，国会としての権限を行ふ。

第102条〔第一期参議院議員の任期〕
この憲法による第一期の参議院議員のうち，その半数の者の任期は，これを三年とする。その議員は，法律の定めるところにより，これを定める。

第103条〔公務員に関する経過規定〕
この憲法施行の際現に在職する国務大臣，衆議院議員及び裁判官並びにその他の公務員で，その地位に相応する地位がこの憲法で認められてゐる者は，法律で特別の定をした場合を除いては，この憲法施行のため，当然にはその地位を失ふことはない。但し，この憲法によつて，後任者が選挙又は任命されたときは，当然その地位を失ふ。

◢1 これらの条文の性質

　以上の規定は，日本国憲法の施行に関する経過的な内容を定めるものである。施行後の今日，適用の余地はない。

◢2 各条の基本的意味

　100条1項は，憲法の施行期日を定めるものである。日本国憲法は，1946年11月3日に公布され，同日から起算して6か月を経過した1947年5月3日に施行された。「施行」とは，法令が効力を生ずることである。

　そして，2項は，日本国憲法の施行の日の前において，その準備のための立法や選挙をなし得ることを規定した。この規定に基づき，旧憲法の立法手続に従い，皇室典範，国会法，内閣法，裁判所法，教育基本法等を制定し，日本国憲法により創設される参議院を成立させるため，参議院議員選挙法に基づき1947年4月20日に選挙を実施した。したがって，憲法施行の際，参議院が成立していないときは，その成立までの間，衆議院のみによる法律の制定など，国会としての権限を行うとする101条は適用されなかった。

　また，102条は，参議院議員の3年ごとの半数改選（46条）を行うために，第1期の議員の半分について，任期を3年に短縮することとした措置である。

　最後に103条は，国の機能が停滞しないよう，旧憲法下の公務員の地位を新憲法の下へとつないだものである。この規定により，明治憲法下の帝国議会を構成した衆議院の議員は，日本国憲法下の国会の衆議院議員へと移行した。

CHECK

▶1 明治憲法の改正手続をすべて終えて，確定した憲法の全部の条文が官報（政府の新聞）に掲載された。これを，憲法の公布という。

CHECK

▶2 具体的には，参議院議員選挙法で，第1期の議員のうち得票数の少なかった半分の者が対象とされた。この措置により，今日に至るまで，参議院議員の半数と残りの半数は任期が3年ずれており，通常選挙が3年ごとに実施されている。

■著者：太田 雅幸（おおた まさゆき）
1961年北海道生まれ，開成高等学校を経て，1984年東京大学法学部卒業，同年衆議院法制局に入局し，議員立法の立案に参画（1995年～1997年司法修習），2005年弁護士登録（東京弁護士会所属）し，現在は訴訟事件等の執務のほか，条例案の立案等の法制立案に参画。主要著者として，『政策立案者のための条例づくり入門』（共著，学陽書房 2006年），『情報公開法の解説』（一橋出版 2006年）などがある。

■編者：コンデックス情報研究所
1990年6月設立。法律・福祉・技術・教育分野において、書籍の企画・執筆・編集、大学および通信教育機関との共同教材開発を行っている研究者・実務家・編集者のグループ。

参考文献
『憲法 第六版』芦部信喜著，高橋和之補訂 岩波書店 2015年
『立憲主義と日本国憲法 第3版』高橋和之著 有斐閣 2013年
『憲法 第6版』長谷部恭男著 新世社 2014年
『憲法』樋口陽一著 創文社 1992年
『国法学 人権原論』樋口陽一著 有斐閣 2004年
『グラフィック 憲法入門』毛利透著 新世社 2014年
『日本憲法史 第2版』大石眞著 有斐閣 2005年
『フランス憲法入門』辻村みよ子，糠塚康江著 三省堂 2012年
『憲法の創造力』木村草太著 NHK出版 2013年
『ハンセン病 重監房の記録』宮坂道夫著 集英社 2006年
『教科書の社会史』中村紀久二著 岩波書店 1992年
『日本の国会 －審議する立法府へ』大山礼子著 岩波新書 2011年
『論点 日本国憲法 第二版』安念潤司，小山剛，青井未帆，宍戸常寿，山本龍彦著 東京法令 2014年
『新解説 世界憲法集 第3版』初宿正典，辻村みよ子著 三省堂 2014年
『人権宣言集』高木八尺，末延部三次，宮沢俊義編 岩波書店 1957年

定価はカバーに表示

立憲主義とは何か
改めて知る 日本国民のための日本国憲法

2015年9月10日 初版印刷

編集者　太田雅幸／コンデックス情報研究所
発行者　渡部哲治

発行所　株式会社 清水書院
　　　東京都千代田区飯田橋3-11-6 〒102-0072
　　　電話　東京（03）5213-7151
　　　振替口座　00130-3-5283
　　　印刷所　図書印刷（株）

●落丁・乱丁本はお取り換えいたします。
本書の無断複写は著作権法上での例外を除き禁じられています。複写される場合は、そのつど事前に、（社）出版社著作権管理機構（電話03-3513-6969，FAX03-3513-6979，e-mail：info@jcopy.or.jp）の許諾を得てください。
Printed in Japan　ISBN978-4-389-22574-2